Les associations de fidèles, entre droit canonique et droit civil

Création – Organisation – Administration

Jean Paul BETENGNÉ

Title: **Les associations de fidèles, entre droit canonique et droit civil**

Création – Organisation – Administration

ISBN: 979-8-89966-024-5

Author: Jean Paul BETENGNÉ

Cover image: https://pixabay.com/

Publisher: Generis Publishing
Online orders: www.generis-publishing.com
Contact email: info@generis-publishing.com

Generis
PUBLISHING

Sigles et abréviations

AA : Concile Vatican II, décret sur l'apostolat des laïcs *Apostolicam actuositatem*

CD : Concile Vatican II, décret *Christus Dominus*

CAC : Chiffre d'affaires consolidé

Can. : Canon(s)

CIC/83 : *Codex Iuris canonici* / Code de droit canonique de 1983

CIC/17 : *Codex Iuris canonici* / Code de droit canonique de 1917

CGI : Code général des impôts

ChL : Exhortation apostolique post synodale *Christifideles laici*

DSF : Déclaration statistique et fiscale

EG. : Exhortation apostolique post-synodale *Evangelii gaudium*

GS : Concile Vatican II, constitution pastorale *Gaudium et spes*

LG : Concile Vatican II, constitution dogmatique *Lumen gentium*

MP : *Motu proprio*

ONG : Organisation non-gouvernementale

PB : Constitution apostolique *Pastor bonus*

PE : Constitution apostolique *Praedicate Evangelium*

RM : Encyclique *Redemptoris missio*

TVA : Taxe sur la valeur ajoutée

Introduction

Le Concile Vatican II a valorisé et promu le protagonisme des fidèles en les reconnaissant pleinement participants à la mission que le Christ a confiée à l'Église tout entière. Ce renouveau conciliaire à mis à jour une perception plus enrichissante du statut ecclésiologique et de la dimension pastorale des associations de fidèles. Accueillant les orientations conciliaires, le Code de droit canonique en vigueur rappelle le caractère fondamental du droit d'association des fidèles. Ainsi, est-il disposé au can. 215 du CIC/83 que « Les fidèles ont la liberté de fonder et de diriger librement des associations ayant pour but la charité ou la piété, ou encore destinées à promouvoir la vocation chrétienne dans le monde, ainsi que de se réunir afin de poursuivre ensemble ces mêmes fins »

Cette nouvelle dynamique reconnait et considère les associations de fidèles comme de véritables communautés ecclésiales, certes distinctes des communautés hiérarchiques. Mais contrairement à ces dernières dont les membres ne choisissent en principe pas leur appartenance, faire partie d'une communauté associative est un acte qui relève de la libre volonté.

Bien qu'elles soient reconnues comme communautés au sein de l'Église à côté des communautés hiérarchiques, leur particularisme mérite d'être davantage souligné pour éviter toute confusion avec ces dernières qui sont d'une autre catégorie. En effet, les communautés hiérarchiques sont érigées par l'autorité ecclésiastique compétente indépendamment de la volonté des fidèles qui, certes, peuvent être consultés lorsque cela s'avère opportun, sans qu'une telle constitution ne soit un préalable à leur érection. Ces communautés hiérarchiques sont *a priori* déterminées par le droit universel et/ou le droit particulier promulgué par les autorités épiscopales. Il en est ainsi par exemple des diocèses et des paroisses donc l'érection relève des compétences respectives du Pape et des Évêques diocésains. Les communautés associatives à l'inverse, partent de l'initiative des fidèles ou tout au moins les impliquent fortement. Leur organisation et leur fonctionnement dépendent essentiellement des dispositions statutaires et réglementaires dont chaque association se dote en fonction de ses réalités spécifiques. Cependant, aucune association ne peut s'auto-qualifier de catholique comme l'indique si clairement le can. 300 suivant lequel, « Aucune association ne prendra le nom de *catholique* sans le consentement de l'autorité ecclésiastique compétente »[1]. Cette réserve rappelle la nature ecclésiale de toutes les associations de fidèles qui, à cet effet, ne sauraient évoluer en se coupant du lien viscéral et vital qui les unit à la grande communauté des fidèles formant le Corps du Christ.

Il importe également de distinguer les associations de fidèles telles qu'entendues ici, d'avec des notions voisines ayant elles aussi une dimension associative caractérisée par la liberté d'appartenance. Dans ce sens, le can 298 §1 rappelle la différence à faire entre les associations de fidèles et les congrégations religieuses dans leurs diverses catégories canoniques, Instituts de vie consacrée et Société de vie apostolique[2].

Cela dit, et tout en admettant que la réalité associative a toujours existé dans l'Église[3], il faut constater que de nos jours, les associations de fidèles ont pris une plus grande importance, au moins numérique, dans la vie ecclésiale. Sous le régime du Code de 1917, l'importance des associations était moindre, à cause certainement des restrictions que ce Code apportait à la liberté d'association. Dans l'ancien Code en effet, les seules

[1] Il s'agit de l'application d'une règle générale prescrite par le can. 216 : « Parce qu'ils participent à la mission de l'Église, tous les fidèles, chacun selon son état et sa condition, ont le droit de promouvoir ou de soutenir une activité apostolique, même par leurs propres entreprises ; cependant, aucune entreprise ne peut se réclamer du nom de catholique sans le consentement de l'autorité ecclésiastique compétente ».

[2] Can. 298 § 1 : « Dans l'Église, il existe des associations distinctes des instituts de vie consacrée et des sociétés de vie apostolique, dans lesquelles des fidèles, clercs ou laïcs, ou encore clercs et laïcs ensemble, tendent par un agir commun à favoriser une vie plus parfaite, à promouvoir le culte public ou la doctrine chrétienne, ou à exercer d'autres activités d'apostolat, à savoir des activités d'évangélisation, des œuvres de piété ou de charité, et l'animation de l'ordre temporel par l'esprit chrétien ».

[3] Cf. P. BASTIEN, « Autonomie ». R. NAZ, *Dictionnaire de droit canonique*, Paris, Letouzey et Ané, tome I, 1935, col. 1489. L'auteur affirme que « Les vestiges des pieuses associations remontent aux premiers siècles de l'Église [...] bien avant que la religion chrétienne fût supportée ou reçue dans l'empire romain ».

associations canoniquement reconnues étaient celles érigées par l'autorité ecclésiastique ou celles que la même autorité approuvait en les recommandant ou en les louant. Avec le Code de 1983, le mouvement associatif dans l'Église s'est épanoui avec même parfois une tendance inflationniste. Ceci s'explique par le nouveau contexte où le rôle de l'autorité ecclésiastique a été mieux précisé. L'on est passé du principe de la seule volonté fondatrice épiscopale à celui de la vigilance épiscopale encadrant les initiatives des fidèles. Mais une chose est la facilitation normative voulue par le législateur, une autre est la connaissance des normes par leurs destinataires, et leur bonne mise en œuvre.

Les développements qui vont suivre ont une double et modeste ambition. Avant tout, contribuer à la vulgarisation des dispositions canoniques qui encadrent la création, l'organisation et le fonctionnement des associations dans l'Église. Ce document entend donner des clés de compréhension de la législation ecclésiale à ceux qui voudraient créer des associations canoniques. Les membres et dirigeants de celles des associations qui existent déjà sauront y trouver des éléments pour renforcer leur encrage ecclésial et améliorer leur engagement missionnaire. Il apparaît également nécessaire, dans le contexte actuel de nos sociétés modernes, d'attirer l'attention des promoteurs d'associations de fidèle sur les occurrences civiles de leurs activités associatives, pas seulement par contrainte légale, mais également comme lieu d'expression évangélique. De fait, étant donné que la « communauté des chrétiens se reconnaît réellement et intimement solidaire du genre humain et de son histoire »[4], les associations de fidèles ont grand intérêt à se constituer également dans l'ordre civil pour justement offrir à tous les richesses dont elles disposent. Pour le Concile Vatican II, « il est donc tout à fait nécessaire que l'Église soit présente dans la communauté des nations ; et cela tant par ses organes officiels que par l'entière et loyale collaboration de tous les chrétiens – collaboration inspirée par le seul désir d'être utile à tous »[5]. Cette insertion dans la société globale constitue même une condition de l'efficacité des associations de fidèles

[4] CONCILE VATICAN II, Constitution pastorale sur l'Église dans le monde de ce temps *Gaudium et spes*, 7 décembre 1965, n° 1.

[5] IBID. n° 89.

qui ne doivent pas donner l'impression d'agir dans l'ombre ou la clandestinité. Et dans cette perspective, ces associations devront trouver une place dans les cadres juridiques aménagées par les ordonnancements civils des États, en se conformant aux exigences prescrites. Elles le feront sans compromettre leur identité ecclésiale. D'où l'intérêt qu'on les associations de fidèles à trouver une juste harmonie entre leur statut ecclésial et celui que peut leur offrir l'ordonnancement civil à travers des modalités d'organisation et de fonctionnement adéquats.

Enfin, bien qu'évoquant souvent les associations de fidèles en général, cette présentation sur *les associations de fidèles, entre droit canonique et droit civil* est davantage destinée aux promoteurs des associations privées de fidèles, et ceci pour deux raisons principales. C'est un fait qu'en nombre, les associations privées de fidèles sont les plus nombreuses dans l'Église. Ce grand nombre contraste malheureusement avec la faiblesse de l'impact de ces associations, pas seulement dans le tissu social, mais même dans la sphère ecclésiale. En supposant que cette efficacité relative de l'action des associations privées de fidèles pourrait être due aussi, mais pas seulement, à la non connaissance des normes de l'Église, nous espérons contribuer ici à leur vulgarisation, avec le vœu que le printemps déclaré des associations de fidèles avec les fleurs perçues, produise les fruits attendus.

Le contenu est articulé autour de trois chapitres :

1. S'associer en Église
2. Créer une association de fidèles
3. Administrer une association de fidèles

Chapitre 1 :

S'associer en Église

Bien que l'évidence des associations de fidèles saute aux yeux, vu le très grand nombre d'associations que connaît l'Église, les prescriptions juridiques encadrant leur existence ne sont pas toujours connues. Le droit d'association est incontestablement établi dans l'Église, mais avec ses spécificités qui font écho à la mission propre de cette Église et qui conduisent cette dernière à le réguler en vue du bien commun[6].

1. La liberté d'association dans l'Église

Loin d'être une faveur concédée par l'autorité ecclésiastique, le droit d'association dans l'Église est une prérogative qui découle du statut baptismal. C'est un droit qui députe le fidèle à assumer la mission de l'Église d'une manière communautaire.

1.1. La fondamentalité du droit d'association des fidèles

Parmi les droits fondamentaux de tous les fidèles, le CIC/83 énonce clairement celui de s'associer librement dans le but de poursuivre la mission de l'Église de manière communautaire. Sans que les associations constituent une réalité nouvelle dans l'Église, le nouveau code tranche avec l'ancienne législation qui ne contenait pas une telle proclamation expresse et solennelle[7]. Le droit d'association dans l'Église a un double fondement, socio-politique et ecclésial.

---

[6] Cf. *GS*, n° 26. C'est à ce texte conciliaire que nous empruntons le concept de bien commun, dans le sens fort qu'il lui donne, à savoir « ensemble de conditions sociales qui permettent, tant aux groupes qu'à chacun de leurs membres, d'atteindre leur perfection d'une façon plus totale et plus aisée ».

[7] L. NAVARRO, « Diritto e volontà di associazione dei fedeli », *Ius Ecclesiae*, 17, 2005, p. 76.

Du point de vue socio-politique, le droit d'association est d'abord un droit humain qui dérive de la dimension sociale de la personne humaine. Cette réalité sociétale de la nature humaine pousse les personnes à se mettre ensemble, unissant ainsi leurs forces et leurs volontés pour poursuivre plus efficacement en commun certaines finalités que l'effort individuel ne serait pas en mesure d'atteindre.

Le droit naturel d'association est reconnu à tous les êtres humains, à travers le monde entier, sans distinction de religion, de sexe, de race, etc. Ce droit fondamental d'association ne dérive pas de la volonté du législateur mais de la dignité même de l'être humain. Ainsi, le devoir des autorités civiles consiste uniquement à reconnaitre ce droit, à le respecter, et à aménager les conditions nécessaires à son exercice. C'est le sens de son inscription dans la Déclaration universelle des Droits de l'Homme dont l'article 20 proclame solennellement que « 1. Toute personne a droit à la liberté de réunion et d'association pacifiques. 2. Nul ne peut être obligé de faire partie d'une association ». Le Concile Vatican II n'a pas manqué de relever l'importance de cette dimension du droit d'association, comme condition indispensable de la participation active des citoyens à la poursuite du bien commun[8]. De nos jours en effet, précise le Concile Vatican II, « l'efficacité de l'action et les nécessités du dialogue réclament des initiatives collectives »[9].

Du point de vue strictement ecclésial, le droit d'association a également un caractère fondamental. Il s'agit, non pas d'une concession faite par l'autorité ecclésiastique, mais d'une prérogative attachée à la grâce baptismale. En effet, tout baptisé a dans l'Église, le droit de se mettre avec d'autres baptisés pour constituer une association. C'est dans ce sens que l'exhortation apostolique post-synodale *Christifideles laici* affirme, s'agissant du droit d'association des laïcs, « Il faut avant tout reconnaître la liberté d'association des fidèles laïcs dans l'Église. Cette liberté est à proprement parler un droit véritable, qui ne dérive pas d'une sorte de concession de l'autorité, mais qui

[8] *GS*, n° 73.

[9] IBID., n° 90.

découle du Baptême, qui, en tant que sacrement, appelle les fidèles laïcs à participer activement à la communion et à la mission de l'Église »[10].

Les ordonnancements civils valorisent également le privilège naturel qu'ont les humains de pouvoir librement s'associer. C'est ainsi par exemple que la loi française du 1er juillet 1901 relative au contrat d'association en rappelle le principe en disposant en son article 2 que « Les associations de personnes pourront se former librement sans autorisation ni déclaration préalable »[11].

Ce droit d'association dans l'Église, comme dans la société civile, a un contenu précis qui renvoie à une triple prérogative : 1° la prérogative de se mettre ensemble pour faire naître une entité distincte de ses membres ; 2° la prérogative pour les membres de l'entité créée de se doter d'organes de gouvernement propres ; 3° la prérogative pour chaque association de fixer les conditions à remplir pour en être membre conjointement à la liberté pour les fidèles d'adhérer ou non aux associations qui existent.

Le droit d'association dans l'Église comparée au droit civil d'association, présente néanmoins une spécificité quant aux finalités. De fait, les associations créées au sein de l'Église doivent nécessairement poursuivre des finalités en lien avec ses missions, ainsi que cela transparaît clairement du can. 215 ainsi libellé : « Les fidèles ont la liberté de fonder et de diriger librement des associations ayant pour but la charité ou la piété, ou encore destinées à promouvoir la vocation chrétienne dans le monde, ainsi que de se réunir afin de poursuivre ensemble ces mêmes fins ».

Finalement, le droit naturel d'association reconnu à tous les êtres humains se trouve comme élevée à une dimension de perfectionnement dans l'Église. En effet, la grâce du baptême, comme toute grâce divine, ne fait pas disparaître la nature, mais la perfectionne et la situe à un niveau supranaturel. Ainsi compris, le droit d'association dans l'Église vise à constituer des entités qui se proposent de poursuivre des finalités qui peuvent être temporelles mais pas seulement, étant donné que ces finalités ont

---

[10] JEAN-PAUL II, Exhortation apostolique post synodale *Christifideles laici*, 30 décembre 1988, n° 29.

[11] L'article 1er de cette même loi définit l'association comme, « la convention par laquelle deux ou plusieurs personnes mettent en commun, d'une façon permanente, leurs connaissances ou leur activité dans un but autre que de partager des bénéfices. Elle est régie quant à sa validité, par les principes généraux du droit applicables aux contrats et obligations ».

toujours une dimension supranaturelle, suivant la mission que le Christ a confiée à son Église et dans le cadre de laquelle Paul invite les fidèles à toujours rechercher, plus que d'autres, les réalités d'en-haut[12].

1.2. Le droit d'association, comme modalité de faire Église

Le Concile Vatican II a invité les fidèles à s'impliquer dans les mouvements associatifs en considérant qu'ils sont des lieux concrets où les fidèles peuvent s'engager à la mission de l'Église. Ainsi par exemple, le décret *Christus Dominus* affirme :

> Il faut souligner avec insistance le devoir des fidèles d'exercer l'apostolat chacun selon sa condition et ses aptitudes : on leur recommandera d'apporter leur participation ou leur aide aux œuvres diverses de l'apostolat des laïcs [...] On doit aussi promouvoir ou encourager les associations qui se proposent directement ou indirectement une fin surnaturelle : la recherche d'une vie plus parfaite, l'annonce à tous de l'Évangile du Christ, la diffusion de la doctrine chrétienne, le développement du culte public, la poursuite d'objectifs sociaux, l'accomplissement d'œuvres de piété ou de charité[13].

Le pape Jean-Paul II voyait en les associations de fidèles, « les lignes d'une convergence large et profonde dans la finalité qui les inspire : celle de participer de façon responsable à la mission de l'Église, qui est de porter l'Évangile du Christ comme source d'espérance pour l'homme et de renouveau pour la société »[14]. C'est dans ce même sens qu'à travers *Evangelii gaudium*, le pape François a rappelé aux associations ecclésiastiques la nécessité qui s'impose à elles de veiller à être et à faire permanemment Église, et ce, en lien avec les structures hiérarchiques au milieu desquelles elles se déploient. Invitant les associations à la conversion missionnaire pour laquelle il exhorte l'Église tout entière, le pape précise : « il est salutaire qu'elles ne perdent pas le contact avec cette réalité si riche de la paroisse du lieu, et qu'elles s'intègrent volontiers dans la pastorale organique de l'Église particulière. Cette

---

[12] Cf. Épître de Paul aux Colossiens, 3, 1-2 : « Si donc vous êtes ressuscités avec le Christ, recherchez les réalités d'en haut : c'est là qu'est le Christ, assis à la droite de Dieu. Pensez aux réalités d'en haut, non à celles de la terre ».

[13] CONCILE VATICAN II, Décret sur la charge pastorale des évêques dans l'Église *Christus Dominus*, 28 octobre 1965, n° 17.

[14] *ChL*, n° 29.

intégration évitera qu'elles demeurent seulement avec une partie de l'Évangile et de l'Église, ou qu'elles se transforment en monades sans racines »[15].

L'invitation du pape François pousse à dépasser l'approche purement sociétaire et particulariste qui peut tenter les fondateurs et membres des associations de fidèles. Elle rappelle également la nécessité de mettre les charismes au service de la communauté en les soumettant en même temps au discernement continu du ministère pastoral de la hiérarchie. Les associations de fidèles ne se développent pas à côté de l'Église, elles avancent plutôt avec l'Église, en étant elles-mêmes des visages de l'Église. Ayant reçu des charismes, elles doivent les valoriser pour le service de l'évangélisation. Comme le souligne encore le pape François,

> L'Esprit Saint enrichit toute l'Église qui évangélise aussi par divers charismes. Ce sont des dons pour renouveler et édifier l'Église. Ils ne sont pas un patrimoine fermé, livré à un groupe pour qu'il le garde ; il s'agit plutôt de cadeaux de l'Esprit intégrés au corps ecclésial, attirés vers le centre qui est le Christ, d'où ils partent en une impulsion évangélisatrice. Un signe clair de l'authenticité d'un charisme est son ecclésialité, sa capacité de s'intégrer harmonieusement dans la vie du peuple saint de Dieu, pour le bien de tous. Une véritable nouveauté suscitée par l'Esprit n'a pas besoin de porter ombrage aux autres spiritualités et dons pour s'affirmer elle-même. Plus un charisme tournera son regard vers le cœur de l'Évangile plus son exercice sera ecclésial. Même si cela coûte, c'est dans la communion qu'un charisme se révèle authentiquement et mystérieusement fécond[16].

Avec cet enseignement qui invite les associations à s'intégrer dans la vie de l'Église particulière, le pape François fait évoluer les critères d'ecclésialité dont la première formulation officielle est contenue dans *Christifideles laici*. Le troisième de ces critères invitait en effet les associations à demeurer en communion avec l'évêque diocésain. Le pape François élargi l'exigence de communion à l'Église particulière tout entière et, autant il exige des associations qu'elles agissent en synergie avec la pastorale diocésaine, autant il invite les Ordinaires de lieu à prendre en compte les avis,

---

[15] FRANÇOIS, Exhortation apostolique *Evangelii gaudium*, Rome, 24 novembre 2013, n° 29.

[16] IBID., n° 130.

contributions et besoins des fidèles organisés en associations[17]. Il s'agit d'impulser une dynamique qui met en mouvement l'ensemble de la communauté ecclésiale qui, agissant en rang serré, sera à même de relever les défis du monde actuel. On retrouve ici l'enjeu d'une véritable communion ecclésiale dont ne peuvent se départir les associations de fidèles[18] dans leurs engagements quotidiens et que les autorités ecclésiastiques sont appelés à vivifier par leurs orientations pastorales intégrants tous les charismes[19]. Désormais pour chaque association, « la communion avec le pape et l'évêque implique une intégration dans la pastorale diocésaine avec son charisme propre »[20]. C'est avec ce style, fait de collaboration et d'écoute mutuelle, que les Églises particulières peuvent le mieux tirer avantage des richesses des associations de fidèles qui, de leur côté, trouvent sens et pertinence pour le service de la mission ecclésiale.

S'engager à promouvoir la mission de l'Église à travers le mouvement associatif, c'est aussi travailler à la sanctification personnelle des membres tout en contribuant à la croissance et à la sanctification de toute l'Église, devoir auquel sont tenus tous les fidèles, ainsi qu'il est rappelé au can. 210[21]. En effet, les associations et leurs membres doivent avoir conscience que par leur engagement, ils apportent adéquatement une réponse à l'appel que le Seigneur adresse à tous les hommes de se mettre à sa suite, sur le chemin de la sainteté. Le Concile Vatican II a grandement amplifié cette certitude

---

[17] Cf. L. FORESTIER, « Les *critères d'ecclésialité* de Jean-Paul II au Pape François », *La Documentation catholique*, n° 2527, juillet 2017, p. 57-58.

[18] Cf. CONCILE VATICAN II, Constitution dogmatique *Lumen gentium*, 21 novembre 1964, n° 12 : « le même Esprit Saint ne se borne pas à sanctifier le Peuple de Dieu par les sacrements et les ministères, à le conduire et à lui donner l'ornement des vertus, il distribue aussi parmi les fidèles de tous ordres, […] les grâces spéciales qui rendent apte et disponible pour assumer les diverses charges et offices utiles au renouvellement et au développement de l'Église, suivant ce qu'il est dit : ''C'est toujours pour le bien commun que le don de l'Esprit se manifeste dans un homme'' (1 Co 12, 7). Ces grâces, des plus éclatantes aux plus simples et aux plus largement diffusées, doivent être reçues avec action de grâce et apporter consolation, étant avant tout ajustées aux nécessités de l'Église et destinées à y répondre ».

[19] Cf. R. PAGE, « Notes sur les critères d'ecclésialité pour les associations de fidèles », *Studia canonica*, 24/2, 1990. Pour l'auteur, « un critère d'ecclésialité, dans le contexte, apparaît comme un point de repère permettant de vérifier l'existence de la communion ecclésiale vécue dans une association de fidèles, en tant que cette communion qualifie une telle association pour l'accomplissement de la mission de l'Église », p. 460.

[20] L. FORESTIER, loc. cit., p. 59.

[21] Can. 210 : « « Tous les fidèles doivent, chacun selon sa condition propre, s'efforcer de mener une vie sainte, et promouvoir la croissance et la sanctification continuelle de l'Église ».

en rappelant que tous les baptisés sont appelés à la sainteté, chacun dans sa condition[22]. Le pape François le réitère en termes plus explicites en rappelant que « Pour un chrétien, il n'est pas possible de penser à sa propre mission sur terre sans la concevoir comme un chemin de sainteté »[23]. Et il précise :

> Pour être saint, il n'est pas nécessaire d'être évêque, prêtre, religieuse ou religieux. Bien des fois, nous sommes tentés de penser que la sainteté n'est réservée qu'à ceux qui ont la possibilité de prendre de la distance par rapport aux occupations ordinaires, afin de consacrer beaucoup de temps à la prière. Il n'en est pas ainsi. Nous sommes tous appelés à être des saints en vivant avec amour et en offrant un témoignage personnel dans nos occupations quotidiennes, là où chacun se trouve. Es-tu une consacrée ou un consacré ? Sois saint en vivant avec joie ton engagement. Es-tu marié ? Sois saint en aimant et en prenant soin de ton époux ou de ton épouse, comme le Christ l'a fait avec l'Église. Es-tu un travailleur ? Sois saint en accomplissant honnêtement et avec compétence ton travail au service de tes frères. Es-tu père, mère, grand-père ou grand-mère ? Sois saint en enseignant avec patience aux enfants à suivre Jésus. As-tu de l'autorité ? Sois saint en luttant pour le bien commun et en renonçant à tes intérêts personnels[24].

2. Droit d'association et mission de l'Église

Parce qu'elles ont pour finalité la poursuite de la mission de l'Église, dans l'une ou l'autre de ses dimensions, les associations de fidèles promeuvent des actions qui participent naturellement de cette mission. Elles le font d'autant mieux en suivant les directives des autorités ecclésiastiques compétentes à qui revient la charge de réguler l'exercice du droit d'association dans l'Église.

---

[22] *LG*, n° 11 : « Pourvus de moyens salutaires d'une telle abondance et d'une telle grandeur, tous ceux qui croient au Christ, quels que soient leur condition et leur état de vie, sont appelés par Dieu, chacun dans sa route, à une sainteté dont la perfection est celle même du Père ».

[23] FRANÇOIS, Exhortation apostolique *Gaudete et exsultate*, sur l'appel à la sainteté dans le monde actuel, 19 mars 2018, n° 19. Au n° 141, le pape indique que « La sanctification est un cheminement communautaire » ; et au n° 145 « La communauté qui préserve les petits détails de l'amour, où les membres se protègent les uns les autres et créent un lieu ouvert et d'évangélisation, est le lieu de la présence du Ressuscité qui la sanctifie selon le projet du Père ».

[24] IBID., n° 14.

2.1. La finalité des associations de fidèles

Le can. 781 du CIC/83, tout en rappelant le caractère permanemment missionnaire de l'Église, indique aussi le devoir qui incombe aux fidèles, individuellement ou regroupés, de prendre leur part de cette mission. C'est une véritable responsabilité qui interpelle la conscience et l'engagement de chaque membre du peuple de Dieu[25]. La mission de l'Église est celle du Christ lui-même qu'il a confiée à ses disciples avec pour mandat de la conduire à travers le monde entier. Sans discontinuer mais toujours renouvelé depuis les temps apostoliques, ce mandat est transmis sans cesse, comme un flambeau, à tous les baptisés ainsi que le rappelle *Lumen gentium*, car « à tout disciple du Christ incombe pour sa part la charge de l'expansion de la foi »[26].

De ce qui précède, il apparaît clairement que le mouvement associatif dans l'Église n'aurait aucun sens s'il ne s'inscrivait pas dans la perspective de la poursuite de la mission de l'Église. Le can 298 §1 précise que dans l'Église, les associations réunissent des fidèles clercs ou laïcs, ou encore clercs et laïcs ensemble, pour, à travers un agir commun, favoriser une vie plus parfaite, promouvoir le culte public ou la doctrine chrétienne, ou exercer d'autres activités d'apostolat, à savoir des activités d'évangélisation, des œuvres de piété ou de charité, ainsi que l'animation de l'ordre temporel par l'esprit chrétien.

Le décret conciliaire sur l'apostolat des laïcs inscrit clairement l'activité des associations dans la dimension apostolique en indiquant que les associations constituent une des modalités de l'action apostolique des fidèles laïcs, l'autre modalité étant l'engagement individuel[27]. Le même document souligne l'importance de l'apostolat associatif en relevant que :

> Dans la conjoncture actuelle il est souverainement nécessaire que là où s'exerce l'activité des laïcs se développe l'apostolat sous sa forme collective et organisée ;

[25] Can.781 : « Comme l'Église tout entière est par sa nature missionnaire et que l'œuvre de l'évangélisation doit être considérée comme un devoir fondamental du peuple de Dieu, tous les fidèles, conscients de leur propre responsabilité, prendront leur part de l'œuvre missionnaire ».

[26] *LG*, n° 17.

[27] *AA*, 18 novembre 1965, n° 15.

seule en effet cette étroite conjonction des efforts peut permettre d'atteindre complètement tous les buts de l'apostolat d'aujourd'hui et d'en protéger efficacement les fruits. Dans cette perspective il est particulièrement important que l'apostolat atteigne les mentalités collectives et les conditions sociales de ceux dont il se préoccupe, sinon ceux-ci seront souvent incapables de résister à la pression de l'opinion publique ou des institutions.

Cela dit, il faut rappeler que les associations de fidèles, comme tous les autres protagonistes de la mission de l'Église, doivent absolument s'inscrire dans la dynamique de la communion ecclésiale[28]. En conséquence, leur agir doit être conduit avec la constante conscience et l'unique ambition de collaborer à une œuvre qui dépasse les besoins et les possibilités individuelles et qui, avec l'apport de plusieurs, aboutit à quelque chose d'unique et de divin. Le pape Jean-Paul II rappelait déjà dans l'exhortation *Christifideles laïci* que le droit d'association dans l'Église « doit s'exercer toujours et uniquement dans la communion de l'Église ; en ce sens, le droit des fidèles laïcs à se réunir est essentiellement lié à la vie de communion et à la mission de l'Église elle-même »[29].

La notion de communion qui est centrale dans l'ecclésiologie de Vatican II[30], traduit en effet l'unité visible et spirituelle du Peuple de Dieu appelé communautairement au salut, car *« Il a plu à Dieu que les hommes ne reçoivent pas la sanctification et le salut séparément, hors de tout lien mutuel... »*[31]. En pratique, le principe de communion se perçoit comme le cadre à travers lequel l'Église manifeste son unité dans la poursuite de sa mission, tout en étant en même temps un des objectifs de cette mission. Dès lors, les associations de fidèles, parce qu'elles constituent des maillons de l'agir ecclésial,

---

[28] Cf. *ChL*, n° 64 : « Le sens vivant de la communion ecclésiale, don de l'Esprit qui sollicite notre réponse libre, aura comme fruit précieux la mise en valeur harmonieuse, dans l'Église *une et catholique*, de la riche variété des vocations et des conditions de vie, des charismes, des ministères, des tâches et des responsabilités, comme aussi une collaboration plus convaincue et plus résolue des groupes, des associations et des mouvements de fidèles laïcs dans l'accomplissement solidaire de la commune mission de salut de l'Église elle-même. Cette communion est déjà en elle-même le premier grand signe de la présence du Christ Sauveur dans le monde ; en même temps, elle favorise et elle stimule l'action apostolique directe et missionnaire de l'Église ».

[29] IBID., n° 29.

[30] Cf. G. ROUTHIER, *Le défi de la communion. Une relecture de Vatican II*, Montréal/Paris, Médiaspaul, 1997.

[31] CONGREGATION POUR LA DOCTRINE DE LA FOI, Lettre *Comunionis notio*, sur quelques aspects de l'Église comprise comme communion, 28 mai 1992.

doivent intégrer et traduire les contenus de la communion que sont la charité, l'unité dans la diversité, l'affection mutuelle, la synodalité, la participation de tous, etc. Les associations doivent s'approprier la culture de la communion ecclésiale et non celle de la division et des aventures solitaires.

En considération de ce dernier point, la multiplication des associations ecclésiales peut parfois être révélatrice d'un défaut de communion. C'est donc toujours avec regret que l'on constate parfois que des associations aux finalités similaires sont créées dans un même espace uniquement parce que certains fidèles veulent absolument assumer des responsabilités de direction et pour cela, mettent en place des entités dont ils sont sûrs de pouvoir assumer la présidence. Pour cette raison et pour bien d'autres qui ne contribuent pas à la réalisation du bien commun, le Concile Vatican II souligne explicitement un point d'attention en invitant les uns et les autres à éviter la dispersion des forces. Pour le Concile, « celle-ci se produirait si l'on fondait de nouvelles associations et œuvres sans raison suffisante, si l'on en conservait d'autres devenues inutiles, ou encore si l'on gardait des méthodes périmées ; enfin il ne sera pas toujours opportun de transplanter sans discernement dans un pays déterminé les formes d'apostolat organisé qui existent dans un autre »[32]. Dans la même logique, le législateur canonique prévient ce type de comportement en instruisant les autorités compétentes à vérifier, entre autres, la réelle utilité d'une nouvelle association avant de lui accorder la personnalité juridique dans l'Église. Ainsi, le can. 113 §3 dispose-t-il que « L'autorité compétente de l'Église ne conférera la personnalité juridique qu'à des ensembles de personnes ou de choses qui visent une fin réellement utile ». On perçoit alors la nécessité de réguler le droit d'association dans l'Église.

2.2. La régulation du droit d'association dans l'Église

L'affirmation du droit des fidèles comme droit fondamental reconnu à tous les baptisés n'en fait pas un droit absolu. Ce droit peut donc connaître quelques limitations qui

[32] *AA*, n° 19.

justifient sa régulation par le législateur et l'autorité administrative compétente dans l'Église.

- La formulation du can 215 fait ressortir une première limitation du droit d'association dans l'Église. En rappelant que ce droit vise la création d'entités dont le but doit être conforme à la mission de l'Église, ce canon interdit implicitement la création d'associations qui ne se donnent pas la poursuite de cette mission pour finalité. En conséquence, l'on ne saurait prétendre se regrouper en association ecclésiale pour poursuivre des buts profanes. De fait, le can. 298 indique clairement que la raison d'être des associations dans l'Église est d'aider les fidèles à participer à une vie chrétienne plus parfaite, à promouvoir le culte public ou la doctrine chrétienne, ainsi qu'à réaliser les autres tâches d'apostolat que sont les activités d'évangélisation, les œuvres de piété ou de charité et l'animation de l'ordre temporel par l'esprit chrétien.
- Au regard du statut des associations qui se dégage de ce qui précède, les associations dans l'Église ne sauraient se soustraire à l'autorité ecclésiastique compétente. C'est le sens de cette exigence du n° 19 du décret conciliaire *Apostolicam actuositatem* qui est faite aux associations d'Église, de préserver en permanence le lien avec l'autorité ecclésiastique. Il s'en dégage un principe général que le canon 305 §1 CIC/83, formule ainsi :

> Toutes les associations de fidèles sont soumises à la vigilance de l'autorité ecclésiastique compétente, à laquelle il appartient d'avoir soin que l'intégrité de la foi et des mœurs y soit préservée, et de veiller à ce que des abus ne se glissent pas dans la discipline ecclésiastique ; c'est donc le devoir et le droit de l'autorité compétente d'exercer la vigilance selon le droit et les statuts ; les associations sont encore soumises au gouvernement de cette même autorité[33].

[33] Voir aussi Can. 223, « § 1. Dans l'exercice de leurs droits, les fidèles, tant individuellement que groupés en associations, doivent tenir compte du bien commun de l'Église, ainsi que des droits des autres et des devoirs qu'ils ont envers eux. § 2. En considération du bien commun, il revient à l'autorité ecclésiastique de régler l'exercice des droits propres aux fidèles ».

- La fonction de vigilance reconnue à l'autorité ecclésiastique compétente sur toutes les associations de son ressort[34], qui ne saurait se transformer en brimade ou en censure[35], prend plusieurs formes et se vérifie en différents aspects :

  Le pouvoir discrétionnaire de reconnaître ou non l'existence d'une association dans l'Église (can. 299 §3), ou d'en ériger (can. 301) ;

  La prérogative de consentir qu'une association porte le qualificatif de catholique (can. 300) ;

  La prérogative d'approuver les statuts, et donc de leur donner valeur juridique (can 299 §3) ;

  Le droit et le devoir d'intervenir directement, et de prendre des mesures conservatoires, lorsque des abus sont constatés (can. 305 §1) ;

  Le droit de dissoudre les associations devenues inutiles ou nuisibles (can. 120 § 1).

Ces prérogatives, l'autorité ecclésiastique les exerce sur toutes les d'associations de fidèles sans exception, cependant dans des proportions plus ou moins grandes selon qu'il s'agit d'associations publiques ou au contraire d'associations privées.

3. Les types d'associations de fidèles

Il existe dans l'Église divers types d'associations de fidèles que nous pouvons classifier sous la base de différents critères : le statut constitutionnel de l'entité, le statut ecclésial des membres, le champ d'extension, le degré de reconnaissance, la marge

[34] Il est à noter que sont soumises à la vigilance de l'Ordinaire du lieu non seulement les associations diocésaines, mais toutes les autres, c'est-à-dire aussi celles à caractère national et international, dans la mesure où celles-ci sont actives dans l'Église particulière en y ayant une branche.

[35] Nous constatons à la lecture de la disposition du can. 305 §1 que le législateur, en parlant du devoir/droit de vigilance de l'autorité ecclésiastique sur les associations de fidèles, utilise, dans le Code de Droit canonique le verbe « *veiller* ». Ceci amène un auteur à affirmer par conséquent que « la disposition juridique qui stipule que toutes les associations de fidèles sont soumises à la vigilance de l'autorité ecclésiastique, présuppose un regard bienveillant envers ces réalités, sinon ce n'est pas la juste vigilance qui est exercée comme l'Église le souhaite. Ceci s'applique encore plus au regard des mouvements ecclésiaux et des communautés nouvelles. Être nouveau dans l'Église n'équivaut pas à être suspect », cf. M. DELGADO GALINDO, « L'exercice de la vigilance de l'autorité ecclésiastique à l'égard des associations de fidèles », *L'Année canonique*, 52, 2010, p. 258.

d'intervention de l'autorité ecclésiastique, etc. La *summa divisio* se situe cependant dans la distinction qui est faite entre associations publiques et associations privées.

3.1. La distinction principale des associations : associations publiques et associations privées de fidèles

Du point de vue constitutionnel, le Code de droit canonique en vigueur distingue deux grandes catégories d'associations, avec d'un côté les associations publiques et de l'autre, les associations privées[36]. C'est la différenciation principale que le législateur canonique a voulu établir parmi les associations dans l'Église. En effet, dès les premières années de leurs travaux, les rédacteurs du nouveau Code de droit canonique ont pris l'option, entre autres critères de distinction, de comprendre les associations de fidèles à travers ces deux grandes catégories, chacune d'elles devant être soumise à un régime juridique spécifique[37].

La distinction entre associations privées et associations publiques ne repose pas sur une hiérarchisation entre les deux types d'association. Il n'existe en effet pas d'échelle entre ces associations, destinées qu'elles sont toutes les deux à promouvoir la mission de l'Église. La distinction correspond plutôt à deux modes différents de participation communautaire à cette unique mission de l'Église, ce qui induit, selon le type d'association, un lien plus ou moins étroit avec la hiérarchie ecclésiastique. En conséquence, toute association dans l'Église appartient nécessairement à l'une ou à l'autre catégorie, soit publique, soit privée, jamais les deux à la fois.

La régulation de la liberté d'association reconnue dans l'Église au titre d'un droit fondamental exige des fidèles qui souhaitent s'organiser en association qu'ils se fixent des objectifs en lien avec la mission apostolique que le Christ a confiée à son Église.

[36] Voir P. A. BONNET, « La distinzione tra pubblico e privato in ambito associzionisco e il problema della riqualificazione delle associazioni costituite anteriormente al codice del 1983 », *Periodica*, 92, 2003, pp. 533-588 (prima parte) ; *Periodica*, 93 (2004) 7-64 (seconda parte). L'auteur fourni une abondante bibliographie sur le sujet.

[37] Cf. L. NAVARRO, *Persone e soggetti nel diritto della Chiesa. Temi di diritto della persona*, Roma, Edizioni Università della Santa Croce, Roma, 2000, note n° 47, p. 180 : « Bien qu'il soit dit que le critère utilisé pour distinguer deux types d'associations est le régime juridique (cf. *Communicationes*, 17 (1985), p. 229), à d'autres moments il est précisé que le critère est déterminé par le rapport avec l'autorité (cf. *Communicationes*, 2 (1970), p. 97), ou que les associations sont classées « en fonction de leur nature institutionnelle (publique et privée) et de leur rapport avec l'autorité ecclésiastique compétente » (cf. *Communicationes*, 6 (1974), p. 51) ».

Selon que les finalités poursuivies relèvent de la mission commune à tous les baptisés ou réservées à la hiérarchie, les associations qui les assument seront privées ou publiques. Cette répartition bipartite constitue la *summa divisio* de la catégorisation des associations de fidèles. En effet, chaque association de fidèles, parmi les différentes variétés qui existent à travers le monde, appartient nécessairement à l'une ou à l'autre catégorie, publique ou privée.

- *Les associations publiques de fidèles*

Trois traits fondamentaux caractérisent l'association publique de fidèles. En premier lieu, elle poursuit sa mission officiellement au nom de l'Église. Le deuxième trait caractéristique est que l'association publique acquiert ce statut par un décret qui l'érige comme telle. Enfin, l'acte d'érection lui confère *ipso facto* la personnalité juridique publique dans l'Église. Par ailleurs, compte tenu de la prérogative qui lui est reconnue d'agir officiellement au nom de l'Église, l'autorité ecclésiastique dispose d'un plus large pouvoir de contrôle à l'égard de ce type d'association.

Le can. 301 §1 du CIC/83 situe l'origine des associations publiques dans la volonté expresse de l'autorité ecclésiastique en lien avec leurs finalités spécifiques. Fondamentalement, les associations publiques de fidèles prennent vie uniquement lorsqu'elles sont érigées[38]. Ainsi, toutes les associations publiques naissent de l'initiative de l'autorité ecclésiastique qui les érigent ou qui, par cet acte d'érection, décident d'accorder ce statut à des entités préalablement fondées par de simples fidèles. C'est donc l'acte d'érection, et seulement lui, qui est constitutif de l'association publique de fidèles[39]. En conséquence, aucune association de fidèles ne saurait avoir le statut public sans qu'elle n'ait été érigée par l'autorité ecclésiastique. Mieux, le §3 du

---

[38] ID., *Diritto di associazione e associazione di fedeli*, Ateneo romano della Santa Croce, Giuffrè Editore, Roma, 1991, p. 203.

[39] L'importance du décret d'érection est telle qu'exceptionnellement, une association publique peut être érigée avant même que ses statuts n'aient été approuvés. En effet, la nécessité d'approbation préalable des statuts n'est formellement établie par le législateur que pour les associations privées de fidèles ainsi que cela ressort des termes du can. 299 §3 suivant lesquelles : « Aucune *association privée* de fidèles n'est admise dans l'Église à moins que ses statuts ne soient reconnus par l'autorité compétente ».

can. 301 précise que « Les associations de fidèles érigées par l'autorité ecclésiastique compétente sont appelées associations publiques ».

Ce qui précède est confirmé par le c. 312 qui indique que seule l'autorité compétente peut ériger une association. Comme il a été fait mention auparavant, l'expression *autorité compétente* fait référence à un pouvoir exercé sur un territoire de juridiction ecclésiastique et en même temps à l'espace où il est prévu que s'exercent les activités d'une association. Concrètement, en matière d'érection des associations publiques de fidèles, le can. 312 indique les différentes autorités qui peuvent agir, ainsi qu'il suit :

> § 1. Pour ériger les associations publiques, l'autorité compétente est : 1 pour les associations universelles et internationales, le Saint-Siège ; 2 pour les associations nationales, qui du fait de leur érection sont destinées à exercer leur activité dans toute la nation, la conférence des Évêques dans son territoire ; 3 pour les associations diocésaines, l'Évêque diocésain dans son propre territoire, mais non pas l'administrateur diocésain, exception faite pour les associations dont l'érection est réservée à d'autres par privilège apostolique.
>
> § 2. Pour ériger validement dans un diocèse une association ou une section d'association, même en vertu d'un privilège apostolique, le consentement écrit de l'Évêque diocésain est requis ; cependant, le consentement donné par l'Évêque diocésain pour ériger une maison d'un institut religieux vaut également pour ériger dans la même maison ou l'église y annexée une association propre à cet institut.

Quant aux finalités spécifiques des associations publiques de fidèles, le can. 301 §1 précise que celles-ci sont principalement constituées pour enseigner la doctrine chrétienne au nom de l'Église, promouvoir le culte public, ou encore assumer d'autres fins dont la poursuite est réservée de soi à l'autorité ecclésiastique. Le §2 du même canon ajoute qu'en cas de nécessité, des associations publiques peuvent également être érigées pour « poursuivre directement ou indirectement d'autres fins spirituelles, auxquelles il n'a pas été suffisamment pourvu par les initiatives privées ».

Les finalités ci-dessus rappelées par le can. 301 §1 relèvent de la compétence exclusive des associations publiques, les associations privées en étant exclue. En d'autres termes, si l'on souhaite que ces finalités soient poursuivies par une association de fidèles, celle-ci ne pourrait être que publique. Les deux principales finalités indiquées par le §1 du can. 301, à savoir *enseigner la doctrine chrétienne au nom de l'Église*, et *promouvoir le culte public*, relèvent des missions de la hiérarchie, ainsi que le rappelle le final du texte de ce canon qui précise qu'il s'agit de finalités qui sont *réservées de soi à l'autorité ecclésiastique*. Il ne s'agit pas de finalités qui sont assumées sur la seule base du baptême et de la confirmation. En conséquence, les fidèles laïcs ne sauraient les assumer par eux-mêmes, sans mandat spécial. En effet, enseigner la doctrine chrétienne au nom de l'Église (pouvoir d'enseignement)[40] ou encore promouvoir le culte public (pouvoir de sanctification)[41], sont des activités qui engagent officiellement l'Église et exigent en conséquence de l'autorité ecclésiastique qu'elle garantisse que les actes et les actions posés à ce titre correspondent à ce que l'Église a institué et promeut. C'est pour cette raison que seules les associations publiques qui sont des personnes juridiques publiques agissant au nom de l'Église, sont habilitées à y intervenir. De ce point de vue le can. 116 pose le principe général selon lequel toutes les personnes juridiques publiques sont constituées par l'autorité ecclésiastique compétente dans le but « de

---

[40] Quelques dispositions pertinentes du Code de droit canonique en cette matière méritent d'être rappelées ici :

Can. 756 : § 1. En ce qui concerne l'Église tout entière, la charge d'annoncer l'Évangile est confiée principalement au Pontife Romain et au Collège des Évêques.

§ 2. En ce qui concerne l'Église particulière qui lui est confiée, chaque Évêque y exerce cette charge en tant qu'il y est le modérateur de tout le ministère de la parole ; parfois cependant quelques Évêques exercent conjointement cette charge pour plusieurs Églises à la fois, selon le droit.

Can. 757 : Il appartient en propre aux prêtres, en tant qu'ils sont les coopérateurs des Évêques, d'annoncer l'Évangile de Dieu ; sont principalement tenus par ce devoir à l'égard du peuple qui leur est confié les curés et les autres prêtres qui ont reçu charge d'âmes ; il appartient aussi aux diacres d'être au service du peuple de Dieu par le ministère de la parole, en communion avec l'Évêque et son presbyterium.

Can. 758 : Les membres des instituts de vie consacrée, en vertu de leur propre consécration à Dieu, rendent témoignage à l'Évangile d'une manière particulière ; et ils seront choisis de manière opportune par l'Évêque comme aides pour annoncer l'Évangile.

Can. 759 : Les laïcs, en vertu du baptême et de la confirmation, sont par la parole et par l'exemple de leur vie chrétienne témoins du message évangélique ; ils peuvent être aussi appelés à coopérer avec l'Évêque et les prêtres dans l'exercice du ministère de la parole.

Can. 760 : Dans le ministère de la parole qui doit s'appuyer sur la Sainte Écriture, la Tradition, la liturgie, le magistère et la vie de l'Église, le mystère du Christ sera proposé intégralement et fidèlement.

Can. 761 : Pour annoncer la doctrine chrétienne, on utilisera les divers moyens disponibles, tout d'abord la prédication et la formation catéchétique qui gardent toujours la place principale, mais aussi l'enseignement de la doctrine dans les écoles, les académies, conférences et réunions de tout genre, ainsi que sa diffusion par des déclarations publiques faites par l'autorité légitime à l'occasion de certains événements, par la presse et autres moyens de communication sociale.

[41] Il faut rappeler que le culte public est une action liturgique qui concerne le corps de l'Église tout entier, d'où elle est considérée comme une action publique de l'Église. Le c. 837 §1 dispose à cet effet que les actions liturgiques ne sont pas des actions privées, mais des célébrations de l'Église elle-même.

remplir au nom de l'Église, dans les limites qu'elle se sont fixées et selon les dispositions du droit, la charge propre qui leur a été confiée en vue du bien public ». On perçoit ici l'enjeu qui est de protéger efficacement le bien public de la communauté ecclésiale tout entière, bien dont la garantie relève des prérogatives de l'autorité ecclésiastique. D'une certaine manière, les associations publiques assument les finalités qui leur sont assignées un peu comme par mandat de la hiérarchie. Ainsi, contrairement à celui des associations privées, l'agir des associations publiques engage l'Église à un degré plus élevé.

- *Les associations privées de fidèles*

Il est établi au can. 299 §1 que les fidèles ont « la liberté de constituer des associations par convention privée conclue entre eux, pour poursuivre les fins dont il s'agit au can. 298, § 1, restant sauves les dispositions du can. 301, § 1 ». Les associations privées sont donc formées par les fidèles, à leur seule initiative et par un accord privé entre eux, pour atteindre certaines des finalités énoncées au canon 298 §1, à l'exclusion de celles réservées aux associations publiques. En effet, étant donné que le can. 301 §1 réserve à la hiérarchie la maîtrise des activités d'enseignement de la doctrine chrétienne au nom de l'Église, ainsi que celles relatives à la promotion du culte public, la conduite de ces activités échappe au champ de compétence des associations privées. Mais, ces deux domaines exclus, les associations privées peuvent poursuivre toutes les autres finalités apostoliques, en promouvant par exemple des œuvres de piété ou de charité, et en animant l'ordre temporel de l'esprit chrétien. C'est en cela que ces associations sont privées Le fait qu'elles puissent être louées ou recommandées par l'autorité ecclésiastique ne change pas leur caractère privé[42].

Bien que dans la poursuite des finalités qu'elles se fixent, les associations privées ne reçoivent pas un mandat officiel de la hiérarchie et n'agissent pas *in nomine Ecclesiae*, elles « sont avant tout des entités de l'Église et elles doivent donc se manifester comme

[42] Cf. Can. 299 §2 : « §2 De telles associations, même si elles sont louées ou recommandées par l'autorité ecclésiastique, sont appelées associations privées ».

telles, tant dans leur être que dans leur activité »[43]. Ainsi, et conformément au canon 299 §3, une association privée peut demander sa reconnaissance à l'autorité ecclésiastique compétente qui ne pourra l'accorder qu'après examen des statuts de l'association qui sollicite ladite reconnaissance. Avec l'examen des statuts, l'autorité déclare l'ecclésialité de l'association concernée et s'assure que dans son offre et son agir apostolique, il n'y a rien de contraire à la foi, à la morale, ni à la discipline de l'Église[44].

La catégorie d'association privée de fidèles, avec la souplesse et la simplicité de création qui la caractérisent, offre à tous les fidèles qui le souhaitent, d'exercer de manière communautaire le droit fondamental reconnu à tout baptisé de prendre sa part de la mission de l'Église selon sa condition propre. Elle est ainsi le moyen ordinaire pour les laïcs de faire association, dans la ligne tracée par *Apostolicam actuositatem*. Le décret conciliaire sur l'apostolat des laïcs affirme en effet que, « le lien nécessaire avec l'autorité ecclésiastique étant assuré, les laïcs ont le droit de fonder des associations, de les diriger, et d'adhérer à celles qui existent ». Rappelons avec le Pape Jean-Paul II que ce droit n'est nullement une faveur de l'autorité ecclésiastique, mais bien un droit fondamental que les fidèles tiennent de leur baptême et qui les fait participer à la mission de l'Église.

3.2. Les autres types d'associations

Les associations de fidèles, qu'elles soient publiques ou privées, peuvent être rangées dans diverses autres catégories suivant des critères variés : état de vie des membres, champ d'extension des activités, niveau de reconnaissance canonique, etc.

- *Types d'associations en fonction l'état de vie des membres*

Sur la base du statut ecclésial de leurs membres, l'on distingue trois catégories d'associations de fidèles :

Les associations de laïcs

---

[43] L. NAVARRO, « Les sujets nés de l'initiative des fidèles et la personnalité juridique privée », *L'Année canonique*, 41, 1999, p. 222.

[44] Cf. Can. 305 §1.

Ce sont celles qui se composent uniquement de fidèles laïcs. Les clercs et religieux peuvent y intervenir, mais seulement au titre de l'accompagnement pastoral.

Les associations cléricales

D'après le can. 302, ce sont celles qui, « sous la direction des clercs, assument l'exercice de l'ordre sacré et sont admises comme telles par l'autorité compétente »[45]. A ce propos, le can. 278 précise que : 1° leur principale finalité doit être la poursuite des fins en accord avec l'état clérical (§1) ; 2° leur existence est liée à la reconnaissance préalable de statuts « reconnus par l'autorité compétente ; 3° elles doivent poursuivre lesdites finalités au moyen d'un programme de vie approprié et approuvé comme il convient, ainsi que par l'aide fraternelle, qui stimulent leur sainteté dans l'exercice du ministère et contribuent à l'union des clercs entre eux et avec leur Évêque propre.

Il faut distinguer parmi les associations cléricales, celles qui sont constituées à l'intérieur d'une Église particulière pour réunir les prêtres diocésains, c'est-dire incardinés dans le diocèse[46], et celles qui sont des associations publiques pouvant rassembler des prêtres de divers horizons. Ces dernières se caractérisent par leur plus grande autonomie ainsi que la possibilité d'obtenir la faculté d'incardiner des clercs depuis la modification du can. 265 par le Pape François[47].

Les associations mixtes

Ce sont celles où sont réunis ensemble des fidèles de différentes catégories (clercs, religieux et laïcs). Pour s'inscrire à de telles

---

[45] Le §3 du can. 278 invite les clercs à s'abstenir de fonder ou de participer à des associations dont le but ou l'action sont incompatibles avec les obligations propres à l'état clérical, ou peuvent entraver l'accomplissement diligent de leur office.

[46] Cf. G.-N. KOUANKAM TCHAPDA, *Clercs séculiers et droit d'association en Afrique (can. 278 CIC) : le cas du Cameroun*, Ottawa, Librairie Wilson et Lafleur inc., Coll. Gratianus, 2023, pp. 99-101.

[47] Cf. FRANÇOIS, Lettre apostolique *Competentas quasdam decernere*, par laquelle sont modifiées certaines normes du Code de droit canonique et du Code des canons des Églises orientales, Rome, 11 février 2022, art. 3.

associations, les religieux doivent tenir compte de leurs statuts propres et obtenir au préalable le consentement des Supérieurs légitimes (cf. can. 307 §3).

Les tiers-ordre ou associations de fidèles laïcs rattachées à un institut de vie consacrée ou à une société de vie apostolique

Il s'agit des associations dont les membres, « participant dans le monde à l'esprit d'un institut religieux, mènent la vie apostolique et tendent à la perfection chrétienne sous la haute direction de cet institut » (can. 303). Les membres de telles associations sont généralement appelés associés de la Congrégation dont ils s'engagent à vivre le charisme[48].

- *Types d'associations en fonction du champ d'extension*

En indiquant les autorités habilitées à ériger les associations de fidèles, le can. 312 fait émerger trois catégories d'association en fonction de leurs champs d'extension :

Les associations pontificales ou internationales qui sont érigées ou approuvées par le Siège Apostolique et qui ont vocation à s'étendre dans l'Église tout entière[49] ;

Les associations nationales érigées par la Conférence épiscopale, et dont le champ porte sur l'ensemble d'une nation ;

Les associations diocésaines qui sont érigées par l'évêque diocésain dans son diocèse.

---

[48] Dans l'ancienne répartition des compétences entre les Dicastères romains, les Tiers-ordres étaient partiellement placés sous la juridiction du Conseil pontifical pour les laïcs, notamment en ce qui concernait leur apostolat (cf. *PB*, art. 134). Aujourd'hui, ils relèvent totalement du Dicastère pour les Instituts de vie consacrée et les Sociétés de vie apostolique (cf. *PE*, art. 127).

[49] Cf. LL. M. SISTACH, *Les associations de fidèles selon le droit de l'Église*, Paris, Artège Lethielleux, 2019, p. 54. L'auteur rapporte les conditions à remplir pour être reconnu comme association internationale ainsi qu'elles étaient fixées par le *Directoire du Conseil pontifical pour les laïcs* de 1971 : « comprendre des membres de différents pays, favoriser entre eux les échanges d'impressions, les communications et les dialogues ; former ses membres à l'esprit international et développer parmi eux le sens des responsabilités à ce niveau ; avoir une vision universelle, qui dépasse le cadre des nations et des régions, même si en raison des circonstances, elles se limitent à leur début à plusieurs nations d'une même région. Concrètement cela est mis en évidence par un programme général qui embrasse, sous un ou plusieurs aspects, les aspirations des hommes de plusieurs continents ».

Hormis le cas où elle a été fondée par le Saint-Siège lui-même ou par la Conférence des évêques, selon les termes du c. 301, une association de fidèles commence généralement par être érigée en association diocésaine, après avoir été, le plus souvent, une association de fait et une association privée. Une fois érigée ou reconnue dans un diocèse, une association n'a pas besoin d'être érigée ou reconnue de nouveau par l'évêque d'un autre diocèse où elle veut œuvrer. Cependant, elle doit obtenir l'accord de l'évêque du lieu pour y exercer son activité ou pour s'y établir. Une obligation analogue lie les instituts religieux (cc. 678-684) à l'évêque du lieu.

Une association diocésaine qui se serait propagée dans tous les diocèses d'une Conférence épiscopale ou dans plusieurs d'entre eux ne devient pas, de ce seul fait, une association nationale. De même, si cette association est présente dans plusieurs pays, cela ne lui confère pas pour autant le caractère d'une association universelle ou internationale au sens du droit. Il faut qu'elle soit érigée comme telle par l'autorité compétente : soit une Conférence épiscopale, soit le Saint-Siège.

Rappelons aussi que les évêques d'une province ecclésiastique ou d'une région épiscopale ne sont pas considérés comme autorité compétente pour ériger une association de fidèles. Toutefois, rien n'empêche tous les évêques d'un tel regroupement d'émettre un communiqué commun destiné à louanger ou à recommander une association. Ce geste ne donne pas un statut juridique à l'association, mais plutôt une plus grande audience ecclésiale.

- *Types d'associations selon le niveau de reconnaissance canonique*

Ici, nous pouvons distinguer :

> Les associations de fait, c'est-à-dire celles qui, bien que pastoralement établies et fonctionnant, n'ont aucune reconnaissance canonique ni statuts approuvés par l'autorité ecclésiastique. Elles sont constituées sur la seule base du droit reconnu aux fidèles de s'associer. Cette absence de reconnaissance, qui est en principe temporaire, ne les exonèrent pas des obligations de tout groupement dans l'Église, notamment en ce qui

concerne la communion avec l'Église et la soumission à l'autorité ecclésiastique[50].

Les associations dont les statuts sont simplement approuvés. De telles associations sont déjà engagées dans un processus de reconnaissance qui, à terme, aboutira à leur reconnaissance par l'attribution de la personnalité juridique[51].

Les associations avec personnalité juridique. Ce sont celles qui, légitimement constituées avec des statuts régulièrement approuvés, ont reçu par décret la personnalité juridique canonique qui peut être publique ou privée.

- *Associations avec but de vie consacrée*

Les associations publiques *in itinere*

Ce sont des associations publiques de fidèles constituées avec pour ambition d'être plus tard érigées en Institut de vie consacrée ou Société de vie apostolique[52]. Tenant compte de cette ambition ultime, l'autorité suprême les place sous la juridiction du Dicastère pour les Instituts de consacrée et les Sociétés de vie apostolique[53].

---

[50] Cf. P. VALDRINI, « Une question ouverte sur la liberté des fidèles de créer et de diriger des associations. Le cas des associations privées de fait dans l'Église », M. AOUN, A. BAMBERG, A. KY-ZERBO, *Vie et droit des associations dans l'Église. Entre liberté des fidèles et vigilance de l'autorité*, Paris, L'Harmatan, 2016, p. 83 sq. Faisant une lecture exégétique du can. 215, et plus encore du can. 299, l'auteur arrive à la conclusion que les associations de fait, c'est-à-dire celles qui n'ont aucun statut canonique établi, sont tout de même reconnues par le législateur et doivent être classées dans la catégorie plus large des associations privées de fidèles.

[51] Can. 322 §2 : « Aucune association privée de fidèles ne peut acquérir la personnalité juridique à moins que ses statuts n'aient été approuvés par l'autorité compétente dont il s'agit au can. 312, § 1 ; mais l'approbation des statuts ne modifie pas la nature privée de l'association ».

[52] Avec le *Rescriptum ex-Audientia SS.MI* du 15 juin 2022, rendu public par le Dicastère pour les Instituts de vie consacrée et les Sociétés de vie apostolique, le Pape François a soumis l'érection de telles associations au niveau diocésain, à l'approbation préalable du Siège Apostolique. Ainsi, *« L'évêque diocésain, avant d'ériger - par décret - une association publique de fidèles en vue de devenir un Institut de vie consacrée ou une Société de vie apostolique de droit diocésain, doit obtenir l'autorisation écrite du Dicastère pour les Instituts de vie consacrée et les Sociétés de vie apostolique »*.

Le rescrit de 2022 est une conséquence logique de la modification du can. 579 du CIC/83 qui soumet désormais toute érection au niveau diocésain, d'un Institut de vie consacrée ou d'une Société de vie apostolique, à l'autorisation écrite préalable du Siège Apostolique. Cf. FRANÇOIS, MP *Authenticum Charismatis*, par lequel est modifié le can. 579 du Code de droit canonique, 1er novembre 2020.

[53] C'était déjà le cas avec *PB* (cf. art. 111). *PE* qui a réorganisé la Curie romaine, le confirme en établissant en son article 127 que la compétence du Dicastère pour les Instituts de vie consacrée et les Sociétés de vie apostolique s'étend également « aux associations de fidèles érigées en vue de devenir un Institut de vie consacrée ou une Société de vie apostolique ».

Les communautés nouvelles et les nouveaux mouvements religieux

Il s'agit de communautés associatives dont l'identité commence à peine à être cernée par le droit canonique, et qui suscitent encore des interrogations chez certains fidèles. D'où cette réflexion du pape Benoît XVI, « Comment ne pas se rendre compte, en même temps, que cette nouveauté attend encore d'être correctement comprise à la lumière du dessein de Dieu et de la mission de l'Église dans le contexte de notre temps ? »[54]. Mettant ensemble des fidèles appartenant à divers états de vie (clercs, religieux et laïcs), ces communautés et mouvements ont pour caractéristique première, au moins pour la plupart, d'allier des éléments de la vie associative ordinaire et ceux de la vie consacrée avec, notamment, une certaine vie fraternelle menée en communauté[55]. Ceci étant, un auteur constate que ce type de communautés associatives se distingue des « mouvements ecclésiaux, des communautés traditionnelles et des communautés hiérarchiques »[56].

Cette approche est conforme à l'approfondissement de la réflexion théologico-canonique sur la vie consacrée qui a mis en lumière les nouvelles formes de vie consacrées.

En considération de l'évolution institutionnelle des associations *in itinere*, il n'est plus permis aux évêques diocésains de les ériger, à moins d'avoir obtenu une permission écrite du Siège apostolique (cf. Rescrit du Pape François sur les associations de fidèles *in itinere*, rendu public le 15.06.2022)

[54] Cf. BENOIT XVI, « Discours aux participants au Séminaire d'étude », Salle du Consistoire, samedi 17 mai 2008, CONSEIL PONTIFICAL POUR LES LAÏCS, *Pasteurs et mouvements ecclésiaux*, Séminaire d'études pour évêques tenu à Rocca di Papa, les 15-17 mai 2008, Città del Vaticano, Libreria Editrice Vaticana, 2010, p. 14.

Dans la *Préface* de ces Actes du séminaire d'étude, le cardinal Stanislaw Rylko, alors Président du Conseil pontifical des laïcs relevait que « La proposition des mouvements, c'est l'expérience d'une rencontre personnelle avec le Christ, Seigneur et Maître. C'est une proposition contagieuse qui, dans le sillage de l'expression évangélique « venez et voyez » (*Jn* 1, 39), se transmet de personne à personne grâce au témoignage persuasif et à la passion missionnaire de leurs membres. Les mouvements ecclésiaux et les communautés nouvelles, " nouvelles irruptions de l'Esprit " dans la vie de l'Église, ne sont donc pas un accessoire, mais une réponse venue d'En-Haut au défi crucial de notre époque : la question de Dieu », p. 6-7. Et il ajoutait, « Comment accueillir ces dons extraordinaires dans le tissu vivant de nos Églises particulières ? Comment les accompagner pastoralement dans la quotidienneté du service qu'ils rendent à la mission de l'Église afin qu'ils puissent porter des fruits toujours plus abondants ? Que faire pour " ne pas éteindre l'Esprit " qui souffle aujourd'hui avec tant de force dans la vie de l'Église ? Telles ont été les questions fondamentales posées » (p. 9).

[55] A. BORRAS, « Le droit canon et la vitalité des communautés nouvelles », *Nouvelle Revue Théologique*, 118, 2, pp. 200-218 ; D. BIJU-DUVAL, « La diversité des états de vie dans les communautés nouvelles », *L'Église dans la mondialisation. L'apport des communautés nouvelles*, Paris, Éditions de l'Emmanuel, 2001, pp. 57-82 ; R. VAN LIER, « Communautés nouvelles et nouvelles formes de vie consacrée. Bilan et prospectives », *Vies consacrées*, n° 2012, 2, avril 2012, pp. 97-114.

[56] Cf. D. LE ROUZES, « Le droit canonique et les communautés nouvelles », *Studia canonica*, 2006, pp. 110.

Chapitre 2 :

Créer une association de fidèles

La création d'une association de fidèles est une œuvre qui suppose qu'un ou plusieurs fidèles prennent librement l'initiative de mettre en place une entité nouvelle dans le but de participer d'une manière collective/communautaire à la mission de l'Église. Selon les objectifs envisagés et les moyens de les atteindre, l'initiative, au départ, impliquera plus ou moins l'autorité ecclésiastique. À ce propos, un auteur souligne que liberté d'initiative traduit la réelle nouveauté de l'expression du droit d'association dans le Code de 1983[57]. Dans tous les cas, la formalisation de l'initiative en association nécessitera que des statuts soient élaborés.

1. Prendre l'initiative

Sur la base de la liberté d'association reconnue par le can. 215, tout fidèle ou groupe de fidèles peut prendre l'initiative de fonder une association dont les finalités visent la réalisation d'un aspect de la mission de l'Église. Cette liberté de fondation est cependant encadrée et plus ou moins étendue selon la nature de l'association, privée ou publique.

1.1. L'initiative privée pour la constitution des associations privées

La reconnaissance des associations privées de fidèles marque, plus que tout autre indice, la mutation profonde du droit de l'Église en ce domaine[58]. Comme le souligne bien un auteur, le droit d'association promu par le CIC/83 ouvre à tous les fidèles, « une

[57] Cf. L. NAVARRO, « Diritto e volontà di associazione dei fedeli », *loc. cit.*, p. 77-79 : « La normativà del Codice pianobenedettino non metteva in luce il ruolo de la volontà dei fondatori e dei menbri sia nella creazione, permanenza ed estinzione dell'ente, sia nella formazione del vincolo giurdico che unisce i membri fra di loro ».

[58] Cf. L. NAVARRO, « Les sujets nés de l'initiative des fidèles … », loc. cit., p. 202.

sphère d'autonomie et d'initiative, sous la vigilance, certes, de l'autorité ecclésiastique, mais distincte de la volonté de cette dernière »[59].

La constitution d'une association privée de fidèles part de l'initiative privée des fidèles qui décident de mettre en place une entité corporative à travers laquelle ils entendent poursuivent en commun certaines finalités précises en lien avec la mission de l'Église. Une telle action, conséquence du caractère fondamental de la liberté d'association dans l'Église, ne nécessite aucune intervention de l'autorité ecclésiastique. À ce niveau, seule compte l'accord privé entre les fondateurs[60], ou encore la réalisation collective d'une expression charismatique reçue et formulée par un fidèle[61]. En considération de cela, on peut affirmer que le domaine des associations privées convient particulièrement aux initiatives des fidèles laïcs qui souhaitent promouvoir collectivement la mission de l'Église, même si l'autorité peut aussi constituer de telles associations lorsque l'initiative privée fait défaut[62].

L'action des fidèles qui décident de fonder une association privée s'inscrit parmi les moyens de réalisation du devoir/droit d'apostolat que chaque fidèle est appelé à assumer à son niveau et avec ses moyens. C'est dans ce sens que le décret conciliaire sur l'apostolat des laïcs, après avoir rappelé la nécessité de l'apostolat individuel, encourage l'apostolat collectif, en affirmant que :

> « L'apostolat organisé est aussi très important parce que souvent, soit dans les communautés ecclésiales, soit dans les divers milieux de vie, l'apostolat requiert une action d'ensemble. Les organisations créées pour un apostolat collectif soutiennent leurs membres, les forment à l'apostolat, ordonnent et dirigent leur action apostolique

[59] O. ÉCHAPPE, « Les biens des associations d'Église », *L'Année canonique*, 47, 2005, p. 54.

[60] Le can. 298 §1 parle de « convention privée conclue entre eux ».

[61] Cf. L. NAVARRO, *Diritto di associazione e associazione di fedeli*, op. cit., pp.46-48. L'auteur invite à ne pas ignorer que dans l'Église, nombreuses sont les associations qui trouvent leur origine dans des charismes que l'Esprit suscite librement chez différents fidèles. Dans ces cas, ajoute-t-il, le charisme devient un élément essentiel pour la naissance de l'association. Il cite à ce propos un autre auteur qui va dans le même sens en affirmant que « dans l'hypothèse des associations qui se forment autour d'une proposition d'une volonté fondatrice (qui peut être charismatique), il paraît difficile sinon impossible de référer la fondation aux fidèles qui composant l'entité. En réalité dans de telles hypothèses les fidèles adhèrent à une entité née et formée en dehors de leur volonté », (cf. G. LO CASTRO, *Le Prelature personali. Profili giuridici*, Milano, 1988, p. 189, note 54).

[62] Cf. can. 301 §2. Dans ce cas, si l'autorité ecclésiastique souhaite que l'association qu'il promeut agisse en qualité d'association privée, elle devra se limiter à la faire émerger tout en suscitant l'intérêt des laïcs qui prendraient le relais de son initiative. S'il procède par acte d'érection, une telle association serait par ce fait même une association publique, conformément au §3 du can. 301 suivant lequel « Les associations de fidèles érigées par l'autorité ecclésiastique compétente sont appelées associations publiques ».

de telle sorte qu'on puisse en espérer des résultats beaucoup plus importants que si chacun agissait isolément.
Dans la conjoncture actuelle il est souverainement nécessaire que là où s'exerce l'activité des laïcs se développe l'apostolat sous sa forme collective et organisée ; seule en effet cette étroite conjonction des efforts peut permettre d'atteindre complètement tous les buts de l'apostolat d'aujourd'hui et d'en protéger efficacement les fruits »[63].

Cela dit, l'initiative privée des fidèles qui aboutit à la constitution d'une association dans l'Église doit aussi se préoccuper de reconnaitre le rôle légitime de l'autorité ecclésiastique à qui il revient d'authentifier une telle initiative et de l'ordonner au bien commun des personnes et de l'Église tout entière. En effet, et comme le rappelle opportunément *Apostolicam actuositatem*, « Les organisations ne sont pas des fins en soi, mais elles doivent servir la mission de l'Église envers le monde. Leur valeur apostolique dépend de leur concordance avec les buts de l'Église, ainsi que de la qualité chrétienne de leur témoignage et de l'esprit évangélique de chacun de leurs membres comme de l'association tout entière »[64]. C'est sur la base de ces derniers critères que l'autorité ecclésiastique peut être amenée à louer ou recommander les associations privées de fidèles, incitant ainsi les autres fidèles à y adhérer[65].

Le can. 300 rappelle d'ailleurs que le qualificatif *catholique* ne saurait être accolé à une association sans le consentement de l'autorité ecclésiastique compétente. Ce consentement peut être explicite lorsque l'association est officiellement reconnue ou ses statuts approuvés. Il peut aussi être implicite ou tacite lorsque l'autorité qui a connaissance de l'existence d'une association de fait dans les sphères ecclésiales, la laisse promouvoir ses activités. Mais en cas d'abus constaté, la même autorité peut prendre une mesure d'interdiction ou de dissolution de l'association concernée, qu'elle soit de fait ou déjà reconnue.

Rappelons enfin que l'initiative privée des fidèles est limitée seulement à certains domaines de la mission de l'Église, tandis qu'elle est exclue de certaines autres. Dans

---

[63] *AA*, n° 18.
[64] IBID., n° 19.
[65] Cf. Can. 298 §2 et 299 §2.

ce sens, le can. 301 §1 rappelle que l'autorité ecclésiastique est seule compétente pour ériger les associations de fidèles « qui se proposent d'enseigner la doctrine chrétienne au nom de l'Église ou de promouvoir le culte public, ou encore qui tendent à d'autres fins dont la poursuite est réservée de soi à l'autorité ecclésiastique ». De telles finalités doivent nécessairement être poursuivies par des associations publiques.

1.2. L'initiative publique pour la constitution des associations publiques

Contrairement aux associations privées de fidèles qui sont constituées sur la seule base de la volonté créatrice des fidèles[66], les associations publiques de fidèle sont, par nature, érigées par l'autorité ecclésiastique compétente, ainsi que l'indique le can. 301 §§ 1 et 3. L'acte d'érection relève du pouvoir exclusif d'opportunité de ladite autorité. Il peut être considéré comme une initiative légale dans la mesure où, une association publique peut naître de l'idée innovante d'un simple fidèle, mais seul l'acte d'érection réservée à l'autorité peut lui conférer une valeur créatrice aboutissant à la naissance d'une association publique.

L'acte d'érection est un acte explicite donné par décret à travers lequel l'autorité crée effectivement la personne juridique publique. Un tel acte qui exprime clairement la volonté de l'autorité, suffit par lui-même à faire exister la personne juridique publique. Dès lors, il ne saurait exister d'association publique de fait comme peut l'être une association privée.

Le mode particulier de constitution des associations publiques s'explique d'abord et avant tout par les finalités spécifiques que les associations de ce type sont appelées à poursuivre, ainsi que l'établit le can 301 § 1. La poursuite de telles finalités, par leur nature, sont réservées à l'autorité ecclésiastique. Il s'agit des activités relatives à la promotion du culte public[67], ou qui visent la transmission officielle de la foi. En

[66] C'est sur le fondement de cette force créatrice reconnue à l'initiative privée des fidèles, fruit de la liberté d'association, que les associations de fait doivent leur légitime existence dans l'Église, même sans reconnaissance formelle d'une quelconque autorité ecclésiastique. Ces associations sont néanmoins tenues aux obligations de communion, et de respect des critères d'ecclésialité. C'est en se référant à leur vécu dans ce contexte de non reconnaissance que l'autorité pourra plus tard leur accorder ou non la reconnaissance formelle qui leur octroie de plus amples droits au sein de l'Église.

[67] Suivant le can. 834 § 2, le culte public est celui qui est « offert [à Dieu] au nom de l'Église par les personnes légitimement députées, et par les actes approuvés par l'autorité de l'Église ». L'autorité ecclésiastique dont il s'agit est par ailleurs indiquée au can. 835 §1 suivant lequel, « la fonction de sanctification est exercée avant tout par les Évêques

conséquence, les associations constituées dans ces domaines sont nécessairement des associations publiques. Le can. 313 établie que les associations publiques, poursuivant ces finalités spécifiques suivant les modalités et aspects qu'elles se sont fixées dans leurs statuts, le font *au nom de l'Église*. Cette disposition justifie encore mieux la catégorie d'associations publiques.

Exceptionnellement, des associations publiques peuvent être érigées pour poursuivre des finalités qui pourraient normalement être poursuivies par une association privée, notamment lorsque l'autorité ecclésiastique vient pallier l'insuffisance de l'initiative privée[68]. En vertu de l'acte d'érection qui les constitue, et sans volonté contraire expressément déclarée, les associations de ce type sont considérées comme publiques[69]. Mais au cas où l'autorité ecclésiastique veut combler un manque d'initiative privée sans ériger d'association publique, elle peut se contenter de *suggérer* ou de *lancer* l'association en la maintenant dans la sphère des associations privées[70].

2. Élaborer des statuts pour l'association

2.1. La nécessité des statuts et les critères d'ecclésialité

Les statuts constituent pour chaque association sa loi fondamentale, d'où l'absolue nécessité pour chacune d'en disposer. On le comprend bien lorsqu'on analyse le rôle et la place des statuts pour une personne juridique. En effet, comme le rappelle le can. 94 §1, les statuts pour les personnes juridiques sont des dispositions « par lesquelles sont définis leurs objet, structure, gouvernement et modes d'actions ». Cette disposition générale est concrétisée au canon 304 §1 pour les associations de fidèles : « Toutes les associations publiques ou privées, quels que soient leurs titres ou leurs noms, auront leurs statuts, par lesquels sont définis le but ou l'objet social de l'association, le siège,

---

qui sont les grands prêtres, les principaux dispensateurs des mystères de Dieu et, dans l'Église qui leur est confiée, les modérateurs, les promoteurs et les gardiens de toute la vie liturgique ».

[68] Cf. Can. 301 §2 ; *Supra*, note 38.

[69] Cf. L. MARTÍNEZ SISTACH, *Associations of Christ's Faithful*, Collection Gratianus, Wilson & Lafleur, Montréal, 2018, p. 57.

[70] L. NAVARRO, *op. cit.*, p. 147, note n° 20.

le gouvernement et les conditions requises pour en faire partie, et sont déterminés les modes d'action, compte tenu des besoins ou de l'utilité de temps et de lieux ». Le can. 299 §3 met de l'emphase à cette exigence en évoquant les associations privées de fidèles qui ne sauraient être admises dans l'Église, sans que leurs statuts ne soient préalablement approuvés par l'autorité compétente.

Les dispositions ci-avant rappelées traduisent l'importance des statuts pour les associations de fidèles. La Commission épiscopale pour le laïcat de la Conférence des Évêques d'Italie, évoquant cette importance, indique qu'ils assurent la stabilité des regroupements ecclésiaux à travers le temps et par-delà les changements des membres comme des dirigeants. En outre, les statuts sont une sorte de carte d'identité de l'association à travers laquelle les autres fidèles peuvent en connaître les traits fondamentaux : finalités, organisation, condition d'admission, etc.[71]

En principe, chaque association se donne librement les statuts qui lui permettent, par une organisation efficiente, de poursuivre efficacement les finalités qu'elle s'est données. Ces statuts ont valeur législative et c'est pourquoi, pour avoir force obligatoire, ils doivent être préalablement être approuvées par une autorité investies du pouvoir législatif dans l'Église. C'est dans ce sens que le can. 312 §1 indique l'autorité compétente pour l'approbation des statuts des associations, en fonction de leur champ d'intervention : le Siège Apostolique pour les associations internationales, la Conférence des évêques pour les associations nationales, et l'évêque diocésain pour les associations diocésaines. Il revient encore à ces mêmes autorités d'approuver toutes les modifications ultérieures des statuts.

Dans l'exercice de la prérogative qui lui revient d'approuver les statuts, l'autorité ecclésiastique compétente a justement l'opportunité de s'assurer les associations qui se proposent d'agir dans le champ ecclésial sont une « expression authentique de l'Église »[72]. Dans cette perspective, le pape Jean-Paul II a indiqué dans l'exhortation

---

[71] Cf. B. ZADRA, *I movimenti ecclesiali e i loro statuti*, Tesi gregoriana, Serie Diritto canonico, 16, Roma, 1997, p. 5-6.

[72] L. FORESTIER, « Les *critères d'ecclésialité* de Jean Paul II au Pape François », *La Documentation catholique*, n° 2527, juillet 2017, p. 52.

apostolique *Christifideles laici* des critères de vérification ou critères d'ecclésialité permettant à l'autorité compétente de vérifier l'engagement des associations dans le champ apostolique repose sur la foi catholique, se déploie dans le respect des orientations magistérielles et du bien commun ecclésial[73].

Si la notion d'ecclésialité est très importante pour apprécier les initiatives des fidèles qui créent des associations dans l'Église, il convient d'en saisir pleinement le sens. Les *Lineamenta* du Synode des évêques de 1985 les comprennent comme les éléments à partir desquels l'on peut considérer que les finalités et l'activité de ces associations sont promues dans une authentique fidélité à l'Église, en communion avec le peuple de Dieu[74]. L'*Instrumentum laboris* de la même Assemblée synodale publié en 1987 ajoutait, comme pour préciser l'utilité pratique de ces critères, que c'est en vertu de ces principes que les nouvelles associations pourront obtenir un certain statut ecclésial[75].

Ainsi, comme critères fondamentaux pour le discernement de toute association de fidèles dans l'Église, notamment privées, et en les prenant ensemble, on note

> *Le primat donné à la vocation de tout chrétien à la sainteté* : En ce sens toute association de fidèles laïcs est appelée à être toujours davantage un moyen de sanctification dans l'Église, un moyen qui favorise et encourage « une union plus intime entre la vie concrète de leurs membres et leur foi ».
>
> *L'engagement à professer la foi catholique* en accueillant et proclamant la vérité sur le Christ, sur l'Église et sur l'homme et ce, en conformité avec l'enseignement du Magistère qui l'interprète de façon authentique. Toute association de fidèles laïcs devra donc être un lieu d'annonce et de proposition de la foi et d'éducation à cette même foi dans son contenu intégral.

---

[73] Cf. *ChL*, n° 30. Voir aussi L. Forestier, « Les *critères d'ecclésialité* de Jean Paul II au Pape François », *La Documentation catholique*, n° 2527, juillet 2017, p. 52.

[74] Cf. SYNODE DES ÉVEQUES, *Vocation et mission des laïcs dans l'Église et dans le monde, vingt ans après Vatican II. Lineamenta*, 1985, *La Documentation Catholique*, n° 1894, p. 445.

[75] Cf. ID., *Vocation et mission des laïcs dans l'Église et dans le monde, vingt ans après Vatican II. Documents de travail*, 1987, Paris, Le Centurion, 1987, p. 49.

Le témoignage d'une communion solide et forte dans sa conviction, en relation filiale avec le Pape, avec l'Évêque, et dans l'estime mutuelle de toutes les formes apostoliques de l'Église.

En effet La communion avec le Pape et avec les Évêques doit s'exprimer dans une disponibilité loyale à recevoir leurs enseignements doctrinaux et leurs directives pastorales. La communion ecclésiale exige, de plus, la reconnaissance du légitime pluralisme des fidèles laïcs dans l'Église et, en même temps, la disponibilité à collaborer avec les autres regroupements de fidèles dans l'Église.

L'accord et la coopération avec le but apostolique de l'Église, qui est « l'évangélisation et la sanctification des hommes, et la formation chrétienne de leur conscience, afin qu'ils soient en mesure de pénétrer de l'esprit de l'Évangile les diverses communautés et les divers milieux ».

L'engagement à être présents dans la société humaine pour le service de la dignité intégrale de l'homme, conformément à la doctrine sociale de l'Église.

Tous ces critères d'ecclésialité doivent transparaître des dispositions statutaires de chaque association de fidèles, privée comme publique. Avec Luc Forestier, nous pouvons constater qu'effectivement, ces critères valorisent les activités des associations de fidèles tout en assumant des moyens objectifs de garantir leur fidélité à l'Église. Par ailleurs, ils servent de référence aux évêques dans l'exercice du ministère de vigilance qui leur incombe[76].

2.2. Le contenu des statuts

Le can. 304 indique les éléments qui doivent nécessairement figurer dans les statuts d'une association de fidèles, à savoir : la dénomination ou titre, le but ou l'objet social de l'association, le siège, le gouvernement et les conditions requises pour en faire partie, et sont déterminés les modes d'action, ainsi que toutes autres dispositions nécessaires à l'organisation et au bon fonctionnement de l'association.

[76] Cf. L. FORESTIER, loc. cit, p. 52 et 56.

La dénomination et le siège

La dénomination est le nom officiel à travers lequel l'association est connue. Le nom est d'une très grande importance en droit. Il fait partie des moyens d'individualisation et d'identification des personnes. Dès lors, en tant que personne juridique établie ou en voie de le devenir, toute association doit s'attribuer une dénomination ou un titre en lien avec son identité profonde, et « compte tenu des besoins ou de l'utilité de temps et de lieux »[77]. En effet, le nom ou le titre d'une association en est la vitrine qui permet de saisir d'emblée sa nature, son identité et son charisme[78]. Il assure une référence singulière et indispensable. Il peut même, si nécessaire, être protégé par les systèmes juridiques civils. Dans ces derniers, la dénomination sociale est le nom légal, officiel de la personne. Elle est l'équivalent du nom de famille, permettant d'identifier l'association en tant que personne juridique auprès des autorités et du public. Par ailleurs, la dénomination permet de distinguer l'association en tant que telle, de ses dirigeants et de ses membres.

À la dénomination proprement dite, l'on peut adjoindre un sigle qui lui aussi, doit figurer dans les statuts. Il en est de même du logo et de la devise qui permettent de caractériser davantage l'association.

C'est également dans les statuts qu'est explicitement indiqué le siège de l'association qui, comme le nom, est un moyen d'identification, mais plus encore un moyen de localisation. Du point de vue strictement canonique, le siège de l'association, notamment diocésaine ou nationale, permet d'en indiquer l'Ordinaire propre qui assure le devoir/droit de vigilance ecclésiastique. C'est à ce dernier que devront s'adresser les associations pour obtenir les autorisations et autres facultés nécessaires à leur épanouissement.

---

[77] Cf. Can. 304 § 2.

[78] Cf. B. ZADRA, *I movimenti ecclesiali e i loro statuti*, Tesi gregoriana, Serie Diritto canonico, 16, Roma, 1997, pp. 108-109.

Le but ou objet social-ecclésial

L'indication du but ou objet social de l'association constitue un élément essentiel de ses statuts. Son importance est telle qu'on ne saurait imaginer une association dont le but et les objectifs ne sont pas clairement établis. L'objet socio-ecclésial ou but de l'association indique le motif de sa fondation et lui donne sa raison d'être actuellement. En effet, ce but doit être avant tout ecclésial par sa prédilection pour la mission de l'Église. Mais il doit aussi briller par son utilité ecclésiale en tant que moyen d'assumer une part de la mission de l'Église qui n'est pas encore suffisamment pourvue par d'autres entités. Dans ce sens, sans remettre en question le droit d'association et la liberté qui l'accompagne, le législateur invite les autorités compétentes à n'accorder la personnalité juridique qu'aux associations qui ont une réelle utilité compte tenu des circonstances de temps et de lieux[79].

La description du but ou objet social de l'association doit être précédée par l'indication de sa nature, publique ou privée, cléricales ou laïque, rattaché à une congrégation ou non, etc. Cette indication est utile pour s'assurer que le but poursuivi ainsi que les canons de références cités dans les statuts correspondent bien à la nature de l'association considérée[80]. De même, la nature de l'association détermine la nature des rapports avec la hiérarchie.

Certes, toutes les associations d'Église visent nécessairement la promotion de la vocation chrétienne, mais selon leur nature, l'objet socio-ecclésial d'une association peut être plus ou moins limité par rapport à certains domaines[81]. Ainsi par exemple, et comme déjà évoqué, les associations privées de fidèles ne peuvent pas poursuivre les finalités indiquées par le can. 301 §1 qui sont réservées à la seule autorité ecclésiastique ou à des entités qui en ont reçu la délégation. D'un autre côté, le can. 278 §1 restreint les associations cléricales au domaine des seules matières qui sont en harmonie avec

[79] Cf. can 114 § 3 : « §3 L'autorité compétente de l'Église ne conférera la personnalité juridique qu'à des ensembles de personnes ou de choses qui visent une fin réellement utile et qui, tout bien pesé, jouissent de moyens qui paraissent suffisants pour atteindre cette fin ».

[80] Cf. LL. MARTÍNEZ SISTACH, *Associations of Christ's Faithful*, op. cit., p. 41.

[81] Cf. D. LE TOURNEAU, *Droits et devoirs fondamentaux des fidèles et des laïcs dans l'Église*, Gratianus, Wilson & Lafleur, Montréal, 2011, pp. 193-196.

l'état clérical. A contrario le §3 du même canon invite les clercs à s'abstenir de fonder ou de participer à des associations dont le but ou l'action sont incompatibles avec les obligations propres à leur état ou qui peuvent entraver l'accomplissement diligent de leur charge.

Les membres

Les statuts doivent prévoir les dispositions sur les conditions à remplir pour devenir ou demeurer membre de l'association concernée, ainsi qu'il est disposé aux can. 307 §1 et 308 suivant lesquelles l'acquisition ou la perte de la qualité de membres d'une association doivent suivre les modalités fixées par les statuts de chaque association, qu'elle soit privée ou publique. Ces statuts doivent donc clairement indiquer les conditions d'admission des membres. C'est le droit le plus légitime de chaque association puisqu'aucune personne n'est obligée d'en faire partie. On y adhère librement avec possibilité de s'engager dans plusieurs associations en même temps[82], pourvu que l'on satisfasse aux critères d'admission qui découlent, en grande partie, des buts et des moyens fixés par l'association.

La première chose à considérer dans les statuts relativement aux membres est l'acquisition de cette qualité au sein de l'association. Comment devient-on membre de l'association ? Y a-t-il des conditions à remplir ? Si oui, lesquelles ? Ces questions doivent trouver des réponses claires dans les statuts de chaque association, car il ne suffit pas de vouloir être membre d'une association pour le devenir effectivement. En effet, la liberté d'adhésion à une association s'accompagne du devoir des candidats à cette adhésion de satisfaire aux conditions requises.

S'agissant des associations privées, le Code de droit canonique n'impose pas de conditions particulières pour en faire partie. Ici, seules comptes les dispositions statutaires. Il reste néanmoins nécessaire que ces dernières rappellent l'obligation de s'efforcer à connaître la doctrine catholique et à respecter l'enseignement du magistère.

---

[82] Alors que le c. 705 du Code de 1917 qui limitait la possibilité pour les fidèles d'appartenir à deux associations en même temps, le can. 307 §2du Code en vigueur permet à une même personne de s'inscrite à plusieurs associations.

La référence canonique de cette exigence qui va de soi, est à rechercher principalement dans les dispositions relatives aux obligations des fidèles. Ainsi par exemple, l'adhésion à une association de fidèles suppose l'engagement à vivre dans la communion de l'Église et à la préserver en toute circonstance, même dans la façon d'agir[83] (cf. can. 209 §1) ; l'engagement à mener une vie sainte, tout en promouvant la croissance et la sanctification continuelle de l'Église (cf. can. 210) ; l'adhésion responsable et conscient au Magistère (cf. can. 212 §1) ; la disponibilité à contribuer aux nécessités matérielles de l'Église selon ses moyens, et de promouvoir la justice sociale y compris par le soutien aux pauvres (cf. can. 222) ; etc.

Les dispositions énoncées ci-dessus pour les membres des associations privées de fidèles s'appliquent également à ceux des associations publiques. Pour ces derniers cependant, le législateur se fait plus exigent, eut égard à de ce que les associations publiques portent l'image de l'Église d'une manière particulière et quasi-officielle. En effet, en poursuivant les finalités qu'elles se sont proposées elles-mêmes d'atteindre, les associations publiques agissent aussi *au nom de l'Église*. D'où la personnalité juridique publique que reçoivent ces associations conformément au can. 116 § 1. C'est aussi ce qui justifie les exigences supplémentaires qui leurs sont imposées, car jusqu'à un certain point, l'Église assume leurs objectifs, leurs modes d'action, etc., puisqu'elle leur confie la mission d'agir en son nom. Dans ce sens, le c. 316 déclare inadmissible à une association publique, et sous peine d'invalidité de son admission, tout fidèle qui se trouverait dans l'une ou l'autre des situations suivantes :

rejet public de la foi catholique
séparation de la communion de l'Église
sous le coup d'une excommunication infligée ou déclarée (voir c. 1331).

[83] Les statuts peuvent exiger la pleine communion comme condition d'adhésion à l'association. De la sorte, le défaut *notoire* de pleine communion pourra être indiqué parmi les causes de perte de la qualité de membre, de telle manière qu'un membre qui viendrait à perdre un des trois liens nécessaires à la pleine communion avec l'Église catholique dont parle le c. 205, pourra être exclu de l'association. Ce serait le cas par exemple pour l'hérétique, l'apostat ou le schismatique.

Il est à noter par ailleurs que le can. 171 §1 n° 4, rend inhabile à prendre part à une élection canonique, la personne qui a notoirement abandonné la communion de l'Église. Le §2 du même canon précise que si une telle personne prend part au vote, son suffrage est nul, et même que cela peut entrainer l'invalidation de l'élection concernée.

Il est compréhensible qu'une personne affectée par l'une ou l'autre de ces situations ne puisse pas faire partie d'une association publique, étant donné la finalité des associations de fidèles en général, et la nature particulière des associations publiques, qui agissent au nom même de l'Église. Leur premier devoir, comme d'ailleurs l'obligation minimale de tout membre du Peuple de Dieu, est "de garder toujours, même dans leur manière d'agir, la communion avec l'Église" (c. 209 – § 1).

En conséquence, le même can. 316 en son §2, prévoit le renvoie, après monition, des personnes légitimement inscrites dans une association publique, mais qui sont venues à tomber sous le coup de l'une ou l'autre situation évoquée. Le renvoie doit néanmoins se faire dans le respect des statuts et restant sauf le droit de recours à l'autorité ecclésiastique compétente. Par ailleurs, et suivant le can. 317 § 4, « dans les associations publiques de fidèles ordonnées directement à l'exercice de l'apostolat, ne devront pas être modérateurs les personnes qui remplissent une charge de direction dans des partis politiques ».

De ce qui précède, se dégage l'importance que les statuts prévoient aussi les causes qui peuvent entrainer la perte de la qualité de membre ainsi que les modalités procédurales à suivre pour l'établir. De toutes les façons, cette qualité peut se perdre de diverses manières : démission volontaire, révocation, par le fait d'une mesure disciplinaire ou pénale, etc.

Une autre question relative aux membres mérite l'attention des fondateurs d'association. Elle porte sur la possibilité ou non d'admettre comme membres des personnes non catholiques. En effet, dans un monde où se fait de plus en plus un brassage de peuples d'origine et de religions diverses, « il est nécessaire de réfléchir sur les modalités de participation des chrétiens non catholiques et aussi des non chrétiens, à la vie des associations de fidèles, des mouvements ecclésiaux et des communautés nouvelles »[84]. La question ne concerne pas seulement les associations et

[84] M. DELGADO GALINDO, « Les associations catholiques, les mouvements ecclésiaux et les communautés nouvelles. Une approche du continent africain », PONTIFICIUM CONCILIUM PRO LAICIS, *Être témoin de Jésus-Christ en Afrique aujourd'hui*, Congrès Panafricain des laïcs catholiques, 4-9 septembre 2012, Yaoundé-Cameroun, Roma, Libreria Editrice Vaticana, 2013, p. 241.

mouvements qui travaillent dans le domaine du dialogue œcuménique ou interreligieux et pour lesquelles sont déjà prévues quelques orientations[85]. Bien que le Magistère n'ait pas encore donné d'orientations générales pour le traitement de cette problématique[86], et étant donné que le Code de droit canonique en vigueur n'en parle pas, il est permis d'opter pour l'ouverture des associations catholiques à des membres non-catholiques[87]. Reste alors à préciser sous quelles modalités et conditions. D'un point de vue général, les non-catholiques qui adhèrent aux associations catholiques ne sauraient y occuper des positions de directions n'y intervenir dans les processus de prises de décisions[88]. Luis Navarro propose quant à lui de distinguer selon qu'il s'agit d'une association privée de fidèles ou au contraire d'une association publique. La première peut selon lui prévoir dans ses statuts l'accueil des non catholiques en qualité de membres, sous la vigilance de l'autorité compétente, étant garanti certains aspects fondamentaux comme le respect de la foi des membres catholiques et la préservation du scandale[89]. Quant aux associations publiques, la majorité des auteurs sont réservés quant à l'admission en leur sein de membres non-catholiques, eu égard à ce que les finalités de ces associations publiques sont poursuivies au nom de l'Église. Au mieux, les non-catholiques peuvent y être reçus au titre de sympathisants[90].

---

[85] Cf. *ChL*, n° 31. Suivant ce texte, il revient au Dicastère compétent pour les Laïcs, de collaborer avec celui en charge du Dialogue œcuménique, de définir « les conditions auxquelles peut être approuvée une association œcuménique où il y aurait une majorité catholique et une minorité non catholique ; il doit aussi déterminer les cas où il est impossible de porter un jugement positif », *Directoire pour l'application des principes et des normes sur l'œcuménisme*, confirmé par le Pape Jean-Paul II le 25 mars 1993, n° 166 et 168.

[86] M. DELGADO GALINDO, « Les associations catholiques, les mouvements ecclésiaux et les communautés nouvelles ... », *loc. cit.*, p. 241. L'auteur, à l'époque Sous-Secrétaire de l'alors Conseil Pontifical pour les Laïcs, précise : « Il s'agit d'une question encore ouverte, étant donnée la complexité et les implications ecclésiales qui en dérivent, et qui a besoin d'approfondissements ultérieurs, ainsi que d'interventions précises du Siège Apostolique. Toutefois, il est possible de tracer quelques lignes générales, en faisant référence à la pratique suivie jusqu'ici par le Saint-Siège dans la reconnaissance de l'activité de certaines réalités associatives engagées dans l'œcuménisme et le dialogue interreligieux ».

[87] Il ne faudrait pas ignorer le point de vue de certains auteurs qui émettent de fortes réserves à considérer comme canoniques des associations admettant des membres non catholiques. Cf. A. LONGHITANO, « Le associazioni dei fedele », *Corso istituzionali di diritto canonico* (a cura del Gruppo italiano docenti di diritto canonico), Milano, Ancora, 2005. S'appuyant sur le can 298 §1, cet auteur affirme que les membres des associations constituées dans l'Église doivent être des fidèles qui poursuivent ensemble des finalités ecclésiales. Il affirme que « cette configuration pose quelques difficultés à qualifier comme canoniques des associations dont les statuts prévoient l'admission de membres non baptisés ou de fidèles qui ne sont pas en pleine communion avec l'Église catholique », (p. 129).

[88] IBID., p. 242.

[89] Cf. L. NAVARRO, *Persone e soggetti nel diritto della Chiesa. Temi di diritto della persona*, op. cit., p. 190-191.

[90] Cf. IBID., p.216-217.

L'organisation et le gouvernement

Autant que les finalités qu'elle s'est fixées, l'organisation d'une association ainsi que ses modalités de gouvernement et d'action sont importantes à définir à l'avance. On ne saurait ni les improviser, ni les laisser à la seule appréciation des dirigeants. A chaque association, son organisation et ses modalités d'action en lien avec sa nature et ses finalités. C'est dans cette optique que le can. 309 indique que « Les associations légitimement constituées ont le droit d'édicter des règles particulières concernant l'association elle-même, de tenir des assemblées, de désigner des modérateurs, des officiers, des ministres et des administrateurs de biens, selon le droit et les statuts ».

Le libre choix des organes de gouvernance est un corollaire de la liberté d'association édictée par le can. 215 qui reconnait aux associés la prérogative de se diriger selon les normes qu'elles se donnent librement et qui leur conviennent. Les fondateurs et, plus tard, la communauté des membres, sont libres de se doter d'un fonctionnement organisationnel parfaitement adapté aux besoins de leur structure et de leurs finalités. Ils ont intérêt à concevoir un fonctionnement interne tenant compte des réalités contextuelles et des moyens disponibles, qui soit à la fois pratiques, sécurisants et prospectifs. Pour cela, ils devront adopter une structuration sur mesure, qui facilite le fonctionnement de l'association, la promotion de ses activités ainsi que son développement actuel et futur.

Quelle que soit l'organisation adoptée, toute association de fidèles, publique ou privée, doit se doter de certains organes indispensables à son fonctionnement et à l'expression des volontés des membres. Dans cette perspective, chaque association pouvant en prévoir d'autres, il existe trois organes classiques que les associations peuvent aménager selon les nécessités et le contexte :

§ L'assemblée générale ou tout autre organe équivalent

§ Le bureau exécutif ou organe effectif de direction

§ Le conseil d'administration ou tout autre organe équivalent

Pour chacun de ces organes, les statuts doivent indiquer le plus précisément possible :

Les conditions d'appartenance ou de désignation ;

Les pouvoirs et les compétences attribués, ainsi que les modalités de leur exercice ;

Le nombre de membres par organe ainsi que les titres et attributions spécifiques[91] ;

La durée des mandats et leur nombre limité ou non ;

Les conditions de quorum et de majorités pour la validité des réunions et/ou des décisions à prendre ;

Etc.

À préciser que dans la définition et l'attribution des pouvoirs et compétences aux différents organes et aux autorités de l'association, il convient de faire attention à l'articulation de l'ensemble de sorte à éviter toute ambiguïté, contradiction ou risque de blocage. Compte tenu de cela, il faut faire remarquer qu'un conseil d'administration, organe à qui revient souvent d'indiquer les orientations stratégiques et de veiller à leur respect, peut convenir aux grandes associations et être parfaitement inutile pour celles qui sont d'une plus petite taille. Dans ces dernières en effet, un conseil d'administration risquerait de faire doublon avec le bureau exécutif.

La liberté d'organisation ne doit cependant pas ignorer le cadre canonique de référence, en lien avec la nature de l'association considérée. Elle doit également prendre en compte les éventuelles orientations des autorités ecclésiastiques. S'agissant particulièrement de la nature de l'association, le Code de droit canonique en vigueur laisse plus ou moins de liberté d'organisation selon qu'il s'agit d'une association privée ou d'une association publique.

§ S'agissant des associations privées, le can. 321 prévoit leur pleine autonomie de gouvernement. Ainsi, sans préjudice de leur nécessaire soumission à la vigilance

[91] Notons que l'assemblée générale doit, autant que possible, regrouper tous les membres. À défaut et si l'association regroupe un nombre très élevé de membres répartis en des lieux distants, l'assemblée générale peut réunir des délégués. On veillera cependant à s'assurer dans les statuts que la désignation des délégués à l'assemblée générale se fasse sur la base de critères clairs et objectifs permettant de garantir la représentation de tous, sans exclusion illégitime.

des autorités ecclésiastiques (cf. can. 323), les associations privées sont presqu'exclusivement gouvernées selon les dispositions de leurs statuts. Ceci a des conséquences pratiques que ces statuts doivent assumer en prévoyant des dispositions expresses y relatives :

Les modalités de désignations du modérateur et de autres responsables (cf. can. 324 §1).

La liberté d'avoir ou non un conseiller spirituel, à choisir parmi les prêtres exerçant dans le Diocèse ou la Conférence épiscopale, et à faire confirmer cependant par l'autorité compétente (cf. can 324 §2).

Les modalités d'administration des biens, restant sauf le droit qu'a l'autorité ecclésiastique compétente de veiller à ce que les biens soient employés aux buts de l'association (cf. can. 325 §1), et en tenant compte de la nature des biens dont certains peuvent être soumis à une vigilance particulière de l'Ordinaire[92].

La destination des biens en cas de cessation des activités (cf. can. 326 §2).

§ Quant aux associations publiques, elles sont également gouvernées selon leurs statuts, mais pas seulement. En effet, le can. 315 dispose que ces associations « sont régies selon leurs statuts sous la haute direction cependant de l'autorité ecclésiastique. Dès lors, en plus des dispositions statutaires dont certaines sont à prévoir obligatoirement, les associations publiques sont spécialement soumises aux directives de l'autorité ecclésiastique qui de son côté, doit se garder d'intrusions abusives. Il en ressort que :

l'autorité ecclésiastique dont il s'agit au can. 312 § 1, confirme le modérateur de l'association publique élu par celle-ci, institue celui qui a été présenté ou le nomme de sa propre autorité, sauf autre disposition des statuts (cf. can. 317 §1).

[92] C'est le cas notamment pour l'administration et la distribution des biens donnés ou confiés à une association pour des causes pies. Ainsi, est-il disposé au can. 1301 que « §1 L'Ordinaire est l'exécuteur de toutes les pieuses volontés, tant celles pour cause de mort que celles entre vifs. §2 De droit, l'Ordinaire peut et doit veiller, même par une visite, à l'exécution des pieuses volontés, et les autres exécuteurs sont tenus de lui en rendre compte après s'être acquittés de leur mission. §3 Les clauses contraires à ce droit de l'Ordinaire apposées aux dernières volontés doivent être considérées comme nulles et non avenues ».

cette même autorité a la prérogative de nommer le chapelain ou assistant ecclésiastique de l'association, après avoir entendu, s'il le juge opportun, les responsables (cf. cf. can. 317 §1).

pour une juste cause, la même autorité peut révoquer le modérateur ou l'assistant ecclésiastique (cf. cf. can. 317 §1).

les personnes qui remplissent une charge de direction dans des partis politiques ne doivent pas être désignées comme modérateurs dans les associations publiques de fidèles ordonnées directement à l'exercice de l'apostolat. Il appartient à l'autorité ecclésiastique de veiller à ce que cela ne survienne pas (cf. cf. can. 318 §2).

les biens temporels qui appartiennent à l'association publique sont des biens ecclésiastiques, et par conséquent ils sont administrés suivant les dispositions du Livre V du Code de droit canonique, avec les adaptations opportunes. Les statuts doivent en indiquer les modalités précises en tenant compte des prérogatives qui sont reconnues à l'autorité ecclésiastique compétente[93].

La désignation des dirigeants et la détermination des modes d'action

Les associations sont des ensembles de personnes. À ce titre, elles s'expriment et agissent à travers leurs représentants ou dirigeants légitimes. Le can. 118 rappelle ce principe, en prévoyant des modalités de mise en œuvre selon que la personne juridique (c'est-à-dire ici l'association), est privée ou publique. Suivant ce canon, « Représentent la personne juridique publique, en agissant en son nom, ceux à qui cette compétence a été reconnue par le droit universel ou particulier, ou par ses statuts propres ; représentent la personne privée ceux qui tiennent cette compétence des statuts ».

§ En rappelant que l'association privée « désigne librement son modérateur et ses officiers selon les statuts » (can. 324 §1), le législateur canonique indique deux critères à prendre en compte, dans le choix des responsables des associations de

[93] Le can. 319 prévoit expressément dans ce cas que « §1 L'association publique légitimement érigée, sauf disposition autre, administre selon les statuts les biens qu'elle possède, sous la haute direction de l'autorité ecclésiastique dont il s'agit au can. 312, § 1, et elle doit lui rendre compte annuellement de son administration. §2 Elle doit également rendre un compte fidèle à la même autorité de l'emploi des offrandes et aumônes reçues ».

laïcs. En plus d'être des fidèles catholiques, ceux-ci doivent être des personnes aptes à veiller : 1° à ce que leur association coopère avec les autres associations de fidèles afin d'apporter volontiers leur aide aux diverses œuvres chrétiennes qui se trouvent sur le même territoire ; 2° et à la bonne formation de leurs membres en vue d'un apostolat efficace.

§ Le choix des dirigeants suprêmes des associations publiques est plus exigeant. À défaut d'être directement désignés par l'autorité ecclésiastique, ils doivent être au moins approuvés par elle. Pour ces associations publiques, il y en a pour lesquelles certaines personnes sont par principe, exclues de la possibilité d'en devenir modérateur[94].

Quant aux modes d'action, chaque association doit les préciser dans ses statuts. Le législateur universel a néanmoins prévus aux can. 119 et 164 et suivants, des modalités à appliquer en cas de silence des statuts. Le législateur local peut également en élaborer qui soit plus adaptées au contexte.

La place et le rôle de l'autorité ecclésiastique

D'une manière générale, et suivant le can. 300, « Aucune association ne prendra le nom de "catholique" sans le consentement de l'autorité ecclésiastique compétente », à savoir l'Évêque diocésain, la Conférence des évêques ou le Siège apostolique. Par ailleurs, toutes les associations de fidèles étant soumises à la vigilance de l'autorité ecclésiastique[95], il est essentiel que les statuts de chaque association indiquent explicitement le rôle qu'y joue l'autorité compétente, rôle qui sera plus ou moins important, selon que l'association est publique ou privée.

A minima, l'autorité ecclésiastique compétente intervient pour donner valeur juridique aux statuts, tant dans leur élaboration initiale que pour toutes les modifications qui pourraient leur être apportées ultérieurement. D'ailleurs, comme déjà rappelé et suivant le can. 299 §3, l'approbation des statuts par cette autorité est la condition première pour

[94] Cf. Can. 317 §4 : « Dans les associations publiques de fidèles ordonnées directement à l'exercice de l'apostolat, ne devront pas être modérateurs les personnes qui remplissent une charge de direction dans des partis politiques ».

[95] Voir supra.

qu'une association, notamment privée, prétende à être officiellement admise dans l'Église. Les clauses relatives à ce type d'intervention peuvent être insérées dans la partie réservée à l'adoption des statuts.

L'autorité ecclésiastique joue également un rôle dans la confirmation des aumôniers et conseillers ecclésiastiques. Elle peut également être appelée à intervenir dans la nomination ou la révocation de certains responsables, notamment dans les associations publiques. De même, son pouvoir de dissoudre l'association ainsi que les conditions d'exercice de cette prérogative doivent être énoncées dans les statuts.

3. Acquérir la personnalité juridique canonique

La notion de personnalité juridique est l'une de celles qui sont communément partagées par tous les systèmes juridiques, aussi bien religieux que civils. Son importance est telle qu'aucune entité, à quelque niveau ou de quelque importance qu'elle soit, ne peut être pleinement reconnue comme sujet de droit, si elle n'en est pas dotée. D'où l'intérêt pour les associations de fidèles d'en être pourvue.

3.1. Importance de la personnalité juridique pour les associations

Comprise comme l'aptitude à être sujet de droit avec les prérogatives d'agir en tant que telle, la personnalité juridique est l'élément fondateur du statut de personne en droit. Elle désigne la capacité d'un être humain (personne physique), d'un groupe ou d'une entité (personne juridique), à être reconnue par le droit comme ayant des droits et des obligations. En d'autres termes, la personnalité juridique est l'aptitude à être titulaire de droits et à répondre de ses obligations.

Les systèmes juridiques modernes considèrent que tout être humain (personne physique) est naturellement doté de la personnalité juridique en ceci qu'un minimum de droits et d'obligations est reconnu à chaque être humain, du seul fait de son existence. Il n'en va pas de même pour les personnes juridiques qui elles, doivent expressément se voir octroyer ou se voir reconnaître la personnalité juridique. Dans le premier cas, la conception et/ou la naissance suffisent pour avoir la qualité de sujet de droit, tandis que dans le second cas il faut un acte exprès de l'autorité compétente qui attribue la personnalité juridique faisant alors de l'entité considérée une personne en droit.

Il convient de rappeler que les associations de fidèles légitimement constituées ont pleinement le statut de personnes juridiques seulement lorsqu'elles ont acquis la personnalité juridique. Elles sont assimilées aux personnes physiques comme diversité unifiée ayant une existence propre (distincte des individus qui les composent), une rationalité et une intériorité spécifiques, ainsi qu'une autonomie d'action avec faculté de se donner des normes[96]. La législation canonique prévoit la constitution des personnes juridiques soit par disposition du droit lui-même, soit par concession spéciale de l'autorité ecclésiastique compétentes cf. can 114 §1). Les entités ainsi constituées sont soit des personnes juridiques publiques, soit des personnes juridiques privées (cf. can. 116). C'est le cas pour les associations de fidèles qui peuvent être publiques ou privées.

L'importance de la personnalité juridique et la nécessité de l'acquérir sont telles que sans elle, un regroupement de personnes, bien que matériellement constitué et existant, ne peut pas comme telle être sujet de droits et d'obligations. Le can. 310 précise dans ce cas que les fidèles qui y sont associés ne peuvent agir qu'en qualité de copropriétaires et copossesseurs des droits et des biens. Ils ne peuvent agir directement en tant qu'association, mais seulement comme groupe d'individus représentés par un mandataire ou un procureur spécialement constitué à cet effet.

Dans l'Église, l'attribution de la personnalité juridique à une association est une grande marque de confiance faite par l'autorité ecclésiastique. Notamment pour les associations privées, mais pas seulement, elle traduit l'idée que l'association bénéficiaire a fait la preuve de son utilité et de sa consistance, et qu'elle dispose de

[96] Cf. M. Th. MEULDERS-KLEIN, « Personne », A.-J. ARNAUD, *Dictionnaire encyclopédique de théorie et de sociologie du droit*, 2e édition corrigée et augmentée, Paris, LGDJ, 1993, p. 435.

moyens suffisants pour participer de manière pertinente à la mission de l'Église[97]. C'est pourquoi, contrairement à la pratique civile qui attribue la personnalité juridique dès lors que les éléments de formalisme sont réunis, le droit de l'Église exige une certaine pratique avec des résultats probants, avant d'attribuer la personnalité juridique à une entité.

Ceci dit, le législateur prévoit des modalités différentes d'acquisition de la personnalité juridique, selon qu'est concernée une association publique ou une association privée.

3.2. Acquisition de la personnalité juridique par les associations publiques de fidèles

Contrairement à l'association privée de fidèles qui ne reçoit la personnalité juridique que par concession spéciale, après qu'elle a été approuvée ou tolérée par l'autorité ecclésiastique, l'association publique de fidèles la reçoit automatiquement par le décret même qui l'érige en association publique, ainsi qu'il est disposé au can. 313 : « Les associations publiques comme la Confédération d'associations publiques, par le décret même de l'autorité ecclésiastique compétente selon le c. 312 qui les érige, sont constituées en personne juridique et reçoivent la mission, dans la mesure où cela est requis, pour poursuivre au nom de l'Église les buts qu'elles se proposent elles-mêmes d'atteindre ». Ainsi, aucune association publique de fidèles n'existe si elle ne dispose pas de la personnalité juridique.

Cette disposition juridique a une telle force et une si grande incidence pratique qu'il est possible, certes exceptionnellement, de créer une association publique avant même que n'en soient établis et approuvés ses statuts[98]. Un auteur l'explique par la volonté du législateur de protéger spécialement cette catégorie d'associations et de leur donner

[97] Dans ce sens, il est clairement établi au can. 114 §3 que « L'autorité compétente de l'Église ne conférera la personnalité juridique qu'à des ensembles de personnes ou de choses qui visent une fin réellement utile et qui, tout bien pesé, jouissent de moyens qui paraissent suffisants pour atteindre cette fin ».

[98] Voir S. VIGO, « Commentaires aux canons 113-128 », p.107.

une bonne stabilité, tout en leur assurant des moyens nécessaires à la réalisation des finalités qui leur sont propres[99].

La personnalité juridique publique attribuée aux associations publiques de fidèles est justifiée par leur mode d'action dans la mesure où elles peuvent être députées[100] pour agir au nom de l'Église et en vue du bien public. L'expression *agir au nom de l'Église* est porteuse d'une certaine ambiguïté quant à sa signification précise[101]. Et, bien que les auteurs ne s'accordent pas sur le sens à lui donner, nous en retenons la conséquence pratique qui en découle, à savoir un agir qui ne se confond pas avec celui de l'autorité ecclésiastique, tout en étant soumis à un contrôle plus serré de cette même autorité[102].

3.3. Concession de la personnalité juridique aux associations privées de fidèles

La personnalité juridique des associations privées de fidèles ne s'acquiert pas par le seul fait de leur constitution, de leur tolérance ou de leur approbation par l'autorité ecclésiastique. Elle est plutôt une concession expressément faite par ladite autorité au cas par cas, et à la demande de l'association concernée. En effet, comme il est disposé au can. 322 §1, « Une association privée de fidèles peut acquérir la personnalité juridique par décret formel de l'autorité ecclésiastique compétente ».

Le can. 312 indique les autorités compétentes pour octroyer la personnalité juridique aux associations privées, qui sont précisément les mêmes que celles à qui revient le pouvoir d'ériger les associations publiques de fidèles. Ce sont :

le Saint-Siège (le Saint-Père ou un Dicastère qui en a reçu compétence), pour les associations privées universelles ou internationales,

[99] LL. MARTINEZ SISTACH, *Associations of Christ's Faithful*, Collection Gratianus, Montréal, Wilson & Lafleur, 2018, p. 78.

[100] Le can. 313 prévoit la possibilité d'attribuer à ces associations la prérogative d'agir au nom de l'Eglise, « dans la mesure où cela est requis ». Il ne s'agit donc pas d'une ouverture sans limites.

[101] Cf. L. NAVARRO, *Op.cit.*, p.166-175.

[102] Le can. 315 dispose à cet effet que « Les associations publiques peuvent entreprendre de leur propre initiative les projets conformes à leur caractère propre ; elles-mêmes sont régies selon leurs statuts sous la haute direction cependant de l'autorité ecclésiastique dont il s'agit au can. 312, § 1 ».

la Conférence épiscopale (notamment à travers son Président ayant obtenu le vote positif des membres), pour les associations privées nationales. De telles associations sont destinées à exercer leur activité dans toute la nation,

l'Évêque diocésain, pour les associations diocésaines, c'est-à-dire celles qui ont vocation à mener leurs activités dans le Diocèse. Faudrait-il le rappeler, cette compétence est réservée à l'Évêque diocésain et à lui seul ; c'est pourquoi celui qui administre provisoirement le Diocèse en est exclue.

À préciser que la personnalité juridique obtenue de l'une quelconque des autorités indiquées, autorise l'association bénéficiaire à agir dans toute l'Église, sans limitation de territoire. Cependant, avant d'établir une section dans un Diocèse, l'association qui aurait été érigée ou constituée en dehors de ce Diocèse, doit obtenir l'autorisation écrite de l'évêque diocésain du lieu d'extension[103].

Procédure d'obtention de la personnalité juridique canonique par une association privée

En rappelant la disposition du §2 du can. 312 suivant laquelle aucune association privée de fidèles ne peut acquérir la personnalité juridique sans que ses statuts n'aient été préalablement approuvés, il faut préciser que ce sont les mêmes autorités précédemment citées qui ont compétences pour donner l'acte d'approbation desdits statuts.

Dès lors, une association privée de fidèles qui aspire au statut de personne juridique pleinement constituée dans l'Église doit solliciter l'obtention de la personnalité juridique en suivant la procédure établie à cet effet. Celle-ci comprend au moins deux grandes étapes que l'association privée demanderesse doit respecter :

i. Avant tout, faire approuver ses statuts par l'autorité compétente. C'est une étape essentielle qui peut s'étaler dans le temps. En effet, avant l'approbation

[103] Le can. 312 §3 qui impose cette exigence fait cependant une exception pour les associations de fidèles attachées aux congrégations religieuses. Ainsi est-il précisé que « le consentement donné par l'Évêque diocésain pour ériger une maison d'un institut religieux vaut également pour ériger dans la même maison ou l'église qui y est annexée une association propre à cet institut ».

définitive, la pratique ecclésiale a coutume d'approuver provisoirement les statuts *ad experimentum*, approbation provisoire qui peut être renouvelée selon la nécessité, jusqu'à l'approbation définitive.

ii. Après l'approbation de ses statuts, l'association intéressée doit solliciter gracieusement le bénéfice de la personnalité juridique qui, si elle lui est accordée, sera concédée par un décret spéciale de l'autorité ecclésiastique compétente.

Le Code de droit canonique n'indiquant pas les détails de la procédure d'obtention de la personnalité juridique par les associations privées de fidèles, il importe que le droit particulier complète la législation universelle[104]. Dans ce sens, l'autorité compétente pour concéder la personnalité juridique dispose de plusieurs critères canoniques pour une évaluation objective des associations, notamment privées. Les réponses au questionnaire suivant l'y aideront :

l'association concernée poursuit-elle des objectifs réellement conformes et en harmonie avec la mission de l'Église[105] ?
les finalités qu'elle entend poursuivre sont-elles pertinentes et réellement utiles dans le contexte actuel de l'Église[106] ?

---

[104] Cf. ARCHIDIOCESE DE YAOUNDE, *Coutumier*, Synode diocésain célébré en 2015, Yaoundé, 19 mars 2016. L'article 9 de ce document indique la procédure à suivre par les nouvelles associations pour leur reconnaissance par l'autorité diocésaine, ainsi qu'il suit :

- Déposer une demande d'implantation dans une paroisse avec les motivations du fondateur, le texte sur le charisme, la recommandation du curé, un projet de statuts et règlement intérieur ;
- Après avis favorable, l'association peut s'implanter dans la paroisse *ad experimentum* pendant trois ans ;
- Chaque année, le curé dresse un rapport à la Commission compétente qui peut alors, soit ordonner l'arrêt de toute activité, soit autoriser la poursuite de l'existence *ad experimentum* en donnant des recommandations précises ;
- Après trois années d'existence paroissiale sans heurt, la Commission compétente peut autoriser l'implantation dans d'autres paroisses et zones pastorales ;
- La reconnaissance diocésaine est accordée dans les conditions suivantes : 1° Justifier de cinq ans d'existence ; 2° Être implantée dans au moins cinq paroisses et trois zones pastorales différentes ; 3° Présenter des statuts et règlement intérieur ; 4° Avoir un bureau diocésain qui fonctionne de manière harmonieuse ; 5° Avoir un compte mouvementé à la Procure ; 6° Présenter les budgets et bilans financiers de chaque année depuis la création ; 7° Avoir un parcours de formation ; 8° Définir son uniforme.

[105] Cf. Can. 114 §1-2.

[106] Cf. Can 114 §3.

dispose-t-elle de moyens suffisants, tant sur le plan humain, spirituel que matériel, pour poursuivre les finalités qu'elle s'est fixées[107] ?
valorise-t-elle les critères d'ecclésialité indiquées dans l'exhortation apostolique post-synodale *Christifideles laici*[108] ?

Bien souvent, les associations privées de fidèles sont fondées au niveau diocésain, dans la sphère paroissiale. C'est là qu'il convient de veiller en premier à leur bonne structuration canonique. D'où l'intérêt d'observer un temps d'expérimentation où l'association est tolérée comme association de fait menant ses activités sous la vigilance du curé ou d'une autre autorité d'Église. Viendra ensuite l'étape de l'approbation formelle des statuts, avant finalement de concéder la personnalité juridique. Il s'agit pour l'autorité ecclésiastique de procéder à un véritable examen, pas seulement des documents, mais aussi des motivations profondes qui sont à la base de la fondation d'une association de fidèles.

4. *Quid* de la personnalité juridique civile ?

La mission apostolique à laquelle participent les associations de fidèles s'exerce au milieu de communautés socio-politiques qui ont leurs propres ordonnancements juridiques. L'Église et ses organismes ne sauraient ignorer cette réalité avec les contraintes qu'elle impose. De fait, chaque État a sa propre législation qui encadre les activités des associations, les autorités étatiques se réservant le droit de fixer les conditions de présence desdites associations et d'exercice de leurs activités.

4.1. Importance et avantages de la personnalité juridique civile

En principe, la personnalité juridique civile n'est pas d'une nécessité absolue pour les associations de fidèles. Ainsi, une association de fidèles peut choisir de limiter son action à la seule sphère ecclésiale sans se préoccuper de son existence juridique au

---

[107] Ibid.

[108] Cf. *ChL*, n° 30. Le texte présente ces critères d'ecclésialité comme des moyens « bien clairs et précis de discernement et de reconnaissance des associations de laïcs ».

niveau civil[109]. Il faut néanmoins admettre que dans bien des cas, pour être efficace en menant ses activités au milieu de la société globale, la reconnaissance canonique d'une association de fidèles ne se suffit pas. Cette préoccupation est d'autant plus à prendre en considération que l'action de ces associations vise aussi la transformation des réalités temporelles et la manifestation de la charité chrétienne à tous, sans distinction de religion. L'acquisition de la personnalité juridique civile apparaît de ce point de vues comme un moyen au service de l'activité missionnaire, ainsi que le souligne Paolo Cavana :

> En raison des nouvelles lignes pastorales de l'actuel pontificat [celui du pape François], que l'on peut résumer par l'image d'une « Église en constante sortie » vers les périphéries ou vers les nouvelles sphères socioculturelles, appelée à réformer ses structures dans une optique missionnaire pour les rendre plus ouvertes et participatives, le rapport entre les organismes ecclésiastiques et le droit séculier se transforme dans le sens d'une osmose plus profonde des communautés ecclésiales et de leurs œuvres au sein de la société civile, dans un processus qui tend à circonscrire le rôle, pourtant nécessaire, de la dimension institutionnelle en laissant plus de place à l'action des nombreuses agrégations (associations de fidèles, mouvements) et initiatives ecclésiales opérant dans le cadre du droit civil, selon ce principe de subsidiarité qui attend encore d'être pleinement explicité dans le système juridique de l'Église[110].

De ce qui précède, il apparaît nécessaire, même lorsqu'elles n'y sont pas contraintes, que les associations de fidèles se préoccupent d'obtenir la personnalité juridique civile en se constituant dans l'ordre civil selon les catégories correspondant à leur nature. Ces associations auront alors la liberté de choisir la catégorie civile qui leur convient le mieux car, les finalités que poursuivent les associations de fidèles peuvent être

[109] La nécessité de se constituer formellement en association civile ne se pose qu'à celles des associations qui souhaitent disposer de la personnalité juridique dans l'ordre civil. Ainsi par exemple, l'article 2 de la loi française de 1901 sur les associations, après avoir rappelé la liberté pour les personnes de s'organiser en associations, précise que les associations ainsi constituées ne jouissent de la capacité juridique que si elles se sont conformées aux formalités de déclaration prévues par l'article 5 de la même loi.

On ne saurait cependant pas ignorer certains contextes socio-politiques qui restreignent abusivement la liberté d'association au point de n'admettre que des associations civilement constituées. Dans ces cas, les associations de fidèles qui voudront y déployer leurs activités n'auront pas d'autres choix que de se constituer suivant les contraintes imposées.

[110] P. CAVANA, « Enti della Chiesa e diritto secolare », *Stato, Chiese e pluralismo confessionale*, Rivista telematica, www.statoechiese.it, n. 14 del 2018, ISSN 1971- 8543, p. 8.

encadrées par une variété d'institutions civiles, et non pas seulement la catégorie des associations au sens strict. Le droit camerounais par exemple offre diverses voies aux associations de fidèles pour l'acquisition de la personnalité juridique civile :

- la première est prévue par la loi n° 90/053 du 19 décembre 1990 relative à la liberté d'association au Cameroun. Cette loi envisage trois possibilités à travers deux catégories d'association, les associations déclarées et les associations autorisées. Ces dernières se distinguent à leur tour en association religieuse et en association étrangère. Il revient donc aux associations ecclésiales, selon leur nature canonique et leurs finalités, de choisir la catégorie la plus convenable dans laquelle se mouler pour obtenir la personnalité juridique civile, soit association simplement déclarée, soit encore association étrangère[111].
- la seconde possibilité en lien avec la précédente, est encadrée par la loi n° 99/014 du 22 décembre 1999 régissant les organisations non-gouvernementales au Cameroun. Les associations de fidèles, notamment celles qui sont tournées vers la pastorale sociale, peuvent s'en accommoder.
- enfin, des associations ecclésiastiques ayant pour finalité la promotion de la charité temporelle peuvent se vêtir au niveau civil, entre autres, du statut d'œuvre sociale. Ce dernier est régit par le décret n° 77/495 du 07 décembre 1977 fixant les conditions de création et de fonctionnement des œuvres sociales privées au Cameroun.

L'adoption d'un statut civil par une association de fidèles procure de véritables avantages dont le premier est sans aucun doute l'acquisition de la personnalité juridique civile, avec les droits inhérents. C'est la condition première pour prétendre participer

[111] L'association civile à régime déclaratif correspondrait le mieux aux associations privés de fidèles qui sont par nature constituées par et pour les fidèles laïcs, et à certaines associations publiques promouvant des œuvres de charité temporelle. L'association religieuse s'adapte bien aux entités ecclésiales (pas seulement les associations) qui visent une finalité essentiellement religieuse. Quant à la catégorie de l'association étrangère, elle permettrait d'accueillir la représentation locale d'une association d'Église ayant son siège principal en dehors du Cameroun.

Avec l'Accord-cadre du 13 janvier 2014 entre le Saint-Siège et la République du Cameroun, les associations canoniquement érigées peuvent obtenir plus facilement la personnalité juridique par déclaration diplomatique faite par la Nonciature Apostolique auprès des autorités camerounaise (cf. Article 2 §§ 2 et 3).

au commerce juridique dans l'ordre civil, comme par exemple acquérir et disposer de biens propres garanties et protégés par la législation civile (propriété immobilière, compte bancaire, etc.), jouir de la capacité d'agir en justice pour défendre ces mêmes droits et d'autres intérêt, etc. De manière générale, la personnalité juridique civile permet à l'association de fidèles qui l'a acquise de mieux se déployer et même de prétendre à diverses facilités offertes par les dispositions légales et réglementaires.

Bénéfice du régime fiscal favorable des organismes à but non-lucratif

Les législations civiles accordent généralement aux organismes à but non-lucratif, un régime fiscal favorable relativement à leurs biens et à leurs activités. Certains pays ont élaboré des régimes fiscaux détaillée pour les organismes à but non-lucratif, tandis que d'autres l'insèrent progressivement dans leur ordonnancement juridique, mais toujours avec la noble intention d'accorder des mesures favorables et incitatives à ce type d'organismes, sans pour autant favoriser des détournements fiscaux ou une concurrence déloyale aux détriments des structures commerciales qui sont assujetties à divers impôts et taxes[112]. Ainsi, comme le souligne certains auteurs parlant des associations qui sont comptées parmi les organismes à but non-lucratif,

> Le régime fiscal des associations tient compte de données contradictoires. Le législateur souhaite encourager la vie associative et donc doter les associations d'un régime fiscal favorable. Mais il désire, également, éviter la naissance d'une sorte de paradis fiscal associatif, c'est-à-dire la constitution d'associations plutôt que de sociétés pour tourner la loi fiscale et fausser la concurrence[113].

Le statut d'organisme à but non-lucratif qui est en principe reconnu aux associations, se fonde sur l'idée que les entités considérées contribuent au bien-être social des bénéficiaires de leurs actions en dehors de toute recherche de gain personnel. C'est ainsi que la législation camerounaise définit l'organisme à but non-lucratif comme « toute entité dotée de la personnalité juridique ou non, publique, privée ou

[112] Ainsi par exemple la France a élaboré un texte de référence relatif à la fiscalité des associations, à savoir l'Instruction fiscale du 18 décembre 2006. Au Cameroun, la loi de finances 2022 a introduit un régime fiscal des organismes à but non lucratif, cf. Loi n° 2021-026 du 16 décembre 2021 portant loi de finances de la République du Cameroun pour l'exercice 2022 ; Circulaire n° 012/MINFI/DGI/LRI/L du 13 juillet 2022 précisant les modalités d'application de la loin° 2021-026 du 16 décembre 2021 portant loi de finances de la République du Cameroun pour l'exercice 2022.

[113] Ch. DEBBASCH et J. BOURDON, *Les associations*, Paris, PUF, Coll. Que sais-je, 2009, p. 100.

confessionnelle, y compris les fondations, qui n'a pas pour but la recherche de bénéfices aux fins de distribution entre ses membres et dont l'activité n'est pas en concurrence avec celles réalisées par les entités à but lucratif »[114]. Dans la logique de cette définition, l'administration fiscale française va plus loin dans l'identification et la précision du régime fiscal des organismes à but non-lucratif, notamment en ce qui concerne les critères d'appréciation de la non lucrativité d'une activité rentable réalisée par l'association, même lorsqu'elle est en concurrence avec celles réalisées par des entités à but lucratif. En effet, précise l'Instruction fiscale française du 18 décembre 2006, même dans l'hypothèse d'une concurrence, l'activité de l'association n'est pas systématiquement considérée comme lucrative, à moins qu'il n'a été assuré par un examen approfondi que « cette activité est exercée dans des conditions similaires à celles des entreprises du secteur lucratif »[115].

Avec un régime fiscal dédié, les lois civiles accordent donc aux organismes à but non-lucratif des facilités pour disposer de ressources nécessaires à la poursuite de leurs finalités y compris au moyen d'activités lucratives, certes sous des limites qu'on peut comprendre. Certaines de ces ressources, compte tenu de leur origine pourraient être frappées d'impôts et taxes, et à des taux ordinaires, s'il ne leur était pas appliqué un régime fiscal dérogatoire. Ainsi, une association à but non-lucratif qui n'exerce pas une activité commerciale ne sera nullement concernée directement par un impôt. Quant au traitement des produits de leurs éventuelles activités commerciales, prenant en compte le fait qu'elles relèvent d'une gestion désintéressée, elles bénéficient d'exonérations, réductions de taux d'imposition et autres facilités[116].

À titre d'exemple, la législation camerounaise exonère les organismes à but non lucratif, des charges fiscales suivantes : la contribution de patente[117] ; l'impôt sur les

---

[114] Art. 93 nonies bis (1) du Code général des impôts ; Loi n° 2021-026 du 16 décembre 2021 portant loi de finances de la République du Cameroun pour l'exercice 2022.

[115] DIRECTION GENERALE DES IMPOTS (France), *Instruction fiscale du 18 décembre 2006*, n° 3.

[116] Nous ne faisons ici qu'une approche globale et indicative. Il convient de se rapprocher des administrations fiscales pour avoir connaissance de l'ensemble des facilités accordées aux associations, ainsi que des conditions et procédures prévues pour en bénéficier.

[117] Cf. Code général des impôts, Art. C 11 alinéa 8.

sociétés[118] ; la taxe sur la propriété foncière en ce qui concerne leurs immeubles affectés à un usage non lucratif[119] ; les précomptes sur les achats effectués[120] ; la contribution patronale au Crédit Foncier du Cameroun et au Fonds National de l'Emploi[121].

Avantages liés au statut d'association reconnue d'utilité publique

Bien souvent, le droit commun des associations dans les ordonnancements civils n'autorise ces dernières à recevoir ni subventions des personnes publiques, ni dons et legs des personnes privées, à moins d'être reconnues d'utilité publique[122]. La reconnaissance d'utilité publique est un attribut que peuvent aussi obtenir les associations de fidèles remplissant les conditions légales dans l'ordre civil, bien que dans certains pays, il puisse arriver que les associations canoniques aient des difficultés à jouir de ce statut. Dans bien des cas heureusement, cette possibilité est ouverte à tous. C'est le cas par exemple au Cameroun, où l'article 32 (1) de la loi portant liberté d'association, dispose que « Toute association dont la contribution effective est déterminante dans la réalisation des objectifs prioritaires du gouvernement peut, sur demande, être reconnue d'utilité publique par décret du Président de la République, après avis motivé du ministre chargé de l'Administration Territoriale ». Cette possibilité est renforcée par l'Accord-cadre signé le 13 janvier 2014, entre le Saint-Siège et la République du Cameroun[123]. L'article 4 de cet Accord-cadre dispose en effet que :

> 1. La République du Cameroun reconnaît à l'Église catholique le droit de s'engager au service du développement humain, social, culturel, moral, spirituel et matériel, pour le bien de tous, et de créer, à cet effet, des institutions adéquates ayant la personnalité juridique en droit camerounais.

---

[118] Cf. Id, Art. 93 decies alinéa 1.

[119] Cf. Id. Art. 578.

[120] Cf. Id., Art. 21 alinéa 3.

[121] Cf. Art. 3 §3, de loi n° 90/050 du 19 décembre 1990 modifiant la loi n° 77/10 du 13 juillet 1977 portant institution d'une contribution au Crédit foncier et fixant la part de cette contribution destinée au Fonds national de l'emploi.

[122] Cf. Article 11 de la loi n° 90/053 du 19 décembre 1990 relative à la liberté d'association au Cameroun.

[123] L'accord-cadre reconnaît explicitement le droit canonique d'association et organise sa réception dans l'ordre institutionnel de l'a République du Cameroun. Ainsi est-il disposé en son article 5 que, « 1. La République du Cameroun reconnaît et protège les droits des fidèles catholiques de s'associer selon les normes du droit canonique pour des activités spécifiques de la mission de l'Église. 2. Elle reconnaît, à cette fin, à de telles associations, la personnalité juridique ».

2. Les institutions ecclésiastiques au Cameroun, compte tenu de leurs services au développement social, peuvent être reconnues d'utilité publique conformément à la législation en vigueur.

L'article 32 (1) déjà cité, de la loi portant liberté d'association au Cameroun, indique les avantages que procure ladite reconnaissance d'utilité publique, notamment : 1° accomplir tous les actes de la vie civile non interdits par ses statuts, sans pouvoir posséder ou acquérir d'autres immeubles que ceux nécessaires au but qu'elle poursuit ; 2° recevoir des dons et legs de toute nature sous réserve de l'autorisation du Ministre chargé de l'Administration Territoriale pour les dons et les legs immobiliers ; 3° recevoir des subventions de l'État et des Collectivités Décentralisées ; dans ce cas, l'État doit s'assurer de la bonne utilisation de ces subventions.

Avantages liés au statut d'organisation non-gouvernementale (ONG)

D'un autre côté, les associations de fidèles qui poursuivent des finalités à caractère temporel reconnues comme relevant des missions d'intérêt général, peuvent prétendre au statut d'ONG. Dans ce sens, la loi n°99/014 du 22 décembre 1999 régissant les Organisations Non Gouvernementales au Cameroun dispose en son article 4 (1) que « Toute association régulièrement déclarée ou toute association étrangère dûment autorisée justifiant d'une contribution effective de trois (3) ans au moins dans l'un des domaines visés à l'article 3 [...], peut être agréée au statut d'ONG ».

Les articles 17 et 18 de la loi sus-évoquée indiquent les bénéfices attachés au statut d'ONG.

§ Trois principaux avantages se dégagent de l'article 17, à savoir : 1° le droit de recevoir des dons et legs de toute nature ainsi que des financements d'organismes nationaux ou internationaux dans le cadre de ses actions, sous réserve de l'autorisation du Ministre chargé de l'Administration Territoriale pour les dons et legs immobiliers ; 2° le droit de recevoir des subventions des personnes morales de droit public ; 3° le droit de se faire rémunérer pour ses services.

§ Quant à l'article 18, il prévoit divers avantages fiscaux et douaniers : 1° exonérations fiscales et de droits d'enregistrement, conformément au Code

Général des Impôts et au Code de l'Enregistrement ; 2° exonération de la Taxe sur la Valeur Ajoutée (TVA), suivant la législation en vigueur ; 3° régime fiscal et douanier spécial à préciser, en tant que de besoin, par la loi des finances.

Notons cependant que le droit civil des associations ne préoccupe pas de certaines finalités qui sont propres aux associations de fidèles et qui sont soumises à la vigilance des autorités ecclésiastiques. De fait, le droit civil des associations est exclusivement fondé sur la liberté d'association et l'autonomie de gouvernement interne, tandis que les associations dans l'Église doivent, non seulement participer à la mission de l'Église, mais en plus se conformer aux orientations de la hiérarchie. Certaines situations peuvent faire apparaitre des préoccupations divergentes entrainant des contradictions inextricables. D'où la nécessité de veiller à l'harmonisation des exigences ecclésiales et celles des pouvoirs publics.

Avantages liés au statut d'œuvre sociale privée

D'après la loi civile camerounaise, l'œuvre sociale privée s'entend des « activités d'une association régulièrement autorisée, d'une institution, d'une entreprise ou d'un service à but humanitaire et apolitique ou créées par une personne physique, en vue d'apporter une aide matérielle et morale ou un encadrement éducatif à des personnes de tout âge, sexe ou race aux familles ou aux groupes afin de promouvoir leur épanouissement »[124]. Sous cette définition qui est avantageusement large, des associations de fidèles dont la finalité porte sur des œuvres d'apostolat de charité temporelle, peuvent légitimement trouver leur place (orphelinat, hospices pour personnes âgées, etc.).

Le statut d'œuvre sociale privée s'obtient au moyen d'une autorisation du Ministre en charge des affaires sociales[125]. À préciser cependant que lorsque la demande émane d'une association déjà constituée au niveau civil, l'autorisation du Ministre en charge de l'Administration Territoriale est un préalable nécessaire.

---

[124] Art. 3 du décret n° 77/495 du 07 décembre 1977 fixant les conditions de création et de fonctionnement des œuvres sociales privées au Cameroun.

[125] D'après l'art. 7 du Décret de 1977, la création des œuvres sociales privées se fait en deux étapes, d'abord un accord de principe donné par lettre, puis une autorisation définitive d'ouverture. Les formalités à suivre sont indiquées dans le texte, notamment aux articles 8 à 10.

Le décret indique les bénéfices dont peuvent se prévaloir les institutions reconnues comme œuvre sociales. Ainsi, toute œuvre sociale a la possibilité de créer des activités de formation et de recyclage de ses membres, sans pouvoir cependant délivrer des diplômes (art. 16 et 17), recevoir des dons et des legs, ainsi que des subventions publiques (art. 19). Pour celles des œuvres sociales privées qui obtiendraient la reconnaissance d'utilité publique prévue à l'art. 13 du même décret, elles peuvent, à ce titre bénéficier des avantages prévus par les textes en vigueur[126].

4.2. Nécessité d'harmoniser les exigences canoniques et celles civiles

Le droit civil des associations se déploie dans une totale autonomie par rapport au droit de l'Église et aux préoccupations de cette dernière. Or, il peut arriver que certaines de ces préoccupations de l'Église ne soient pas bien comprises par les autorités étatiques, et même apparaitre comme une entrave à la libre organisation de l'association fondée sur la convention entre associés[127]. Pour une association de fidèles qui souhaite acquérir la personnalité juridique civile, il va se poser le problème de ce qu'un auteur dénomme *la double appartenance*[128], c'est-à-dire sa soumission à la fois à l'ordre juridique canonique et à l'ordre juridique civil.

Comme déjà évoqué, la liberté d'association en droit canonique présente quelques spécificités par rapport à l'idée qu'en ont les systèmes juridiques étatiques. Ainsi par exemple, le droit civil des associations ne connaît pas la distinction entre les associations publiques qui sont créées par la hiérarchie pour agir au nom de l'Église, et les associations privées qui, elles, relèvent de l'initiative privée des fidèles. Ce droit civil des associations s'inscrit intégralement dans une perspective privatiste. Une différence notable apparaît encore avec le devoir/droit de vigilance reconnue à la hiérarchie ecclésiastique sur toutes les associations, tandis que le droit civil brille par

126 À ce titre, l'art. 14 du décret de 1977 prévoit, concernant spécifiquement les œuvres sociales privées, qu'elles peuvent bénéficier, à titre exceptionnel et à leur demande, de l'appui des fonctionnaires qualifié des services du Ministère en charge des affaires sociales.

127 Cf. P. VALDRINI, E. KOUVEGLO, *Leçons de droit canonique. Communautés, personnes, gouvernement*, Paris, Salvator, p. 339

128 Cf. J. SCHLICK, « Association civile et association d'Église. Problèmes de double appartenance », *Praxis juridique et religion*, 2, 1985, p. 248-265.

la non intervention de l'État dans l'organisation et le fonctionnement des associations[129].

La problématique d'un encrage harmonieux entre le modèle canonique et l'approche civile de la dynamique associative vise à préserver la spécificité canonique des associations de fidèles. Il s'agit alors de rechercher un usage cohérent des mécanismes du droit associatif civil[130] avec les exigences canoniques, en veillant à éviter d'éventuelles incompatibilités qui pourraient plus tard se révéler périlleuses. Comme le souligne un auteur,

> la difficulté la plus grande à laquelle se trouvera confronté le juriste comme le dirigeant d'association, sera d'articuler deux droits d'association affirmés, mais à la vérité assez substantiellement différents, et d'éviter qu'une association canonique ne rentre en conflit avec sa doublure civile. Et la nécessité d'une articulation s'impose, dès lors que l'association veut à la fois agir civilement (ce qui commence par le simple fait d'ouvrir un compte bancaire) et en même temps être reconnue en Église et désirer se comporter pleinement en association d'Église sur le terrain de la société ecclésiale[131].

La question est assurément résolue lorsqu'il existe un accord entre l'Église et l'État régissant la manière dont les associations canoniques sont reçues dans l'ordre civil dans le respect des formes canoniques où elles auront été approuvées ou érigées, et sans avoir besoin de revoir leurs statuts. C'est par exemple le cas en Espagne[132], au Cameroun[133], et dans certains autres pays où les Églises locales bénéficient de l'effet de conventions signées entre l'État et le Saint-Siège.

---

[129] Cf. O. ÉCHAPPE, « La reconnaissance du droit d'association par les droits canonique et français : une problématique », *L'année canonique*, 52, 2010, p. 242-245.

[130] Cf. H. MIAYOUKOU, « Droit canonique des associations privées de fidèles : quelle actualisation depuis l'innovation de la codification de 1983 ? Contexte français », *L'Année canonique*, 53, 2011, p. 321.

[131] O. ÉCHAPPE, loc. cit., p. 245.

[132] Cf. T. B. RUIZ, « Las associaciones de fieles », M. M. CORTEZ DIEGUEZ y S. J. PRISCO (Coordinación), *Derecho canonico. I : El derecho del Pueblo de Dios*, Madrid, Biblioteca de autores cristianos, 2017, pp. 327-328. L'auteur cite l'Accord du 3 janvier 1979 relatif aux questions juridiques, entre le Saint-Siège et le Royaume d'Espagne.

[133] Cf. art. 4 et 5 de l'Accord-cadre entre la République du Cameroun relatif au statut de l'Église catholique au Cameroun, signé à Yaoundé le 13 janvier 2014.

Mais lorsqu'il n'existe aucun arrangement ou aucune disposition civile pour prendre en compte les spécificités canoniques, les associations de fidèles devront organiser leurs statuts de telle manière qu'ils ne contreviennent pas à l'ordonnancement civil tout en respectant les principes canoniques. De fait, sans remettre en cause le principe de laïcité qui encadre généralement les associations au niveau civil, il faut reconnaitre qu'avec la nécessité qui les oblige à toujours promouvoir l'œuvre d'évangélisation[134], les associations de fidèles ne peuvent pas être purement laïques au sens d'être indifférentes à la foi qui les inspire. Un autre enjeu, en lien avec le précédent, porte sur ce qui se rapporte à l'exercice des prérogatives liées au droit de vigilance reconnu à l'autorité ecclésiastique sur toutes les associations de fidèles. Ainsi, une association de fidèles canoniquement érigée et constituée également en association civile, ne devrait pas pouvoir profiter de ce dernier statut pour se soustraire à l'exercice légitime du devoir/droit de vigilance de l'autorité ecclésiastique compétente.

Comment s'assurer alors que l'équilibre est préservé ? Deux situations peuvent se présenter concernant d'un côté les associations privées de fidèles et de l'autre les entités ecclésiales canoniquement érigées en personnes juridiques publiques.

§ Pour être concret et en se référant, à titre d'exemple, à la législation de droit commun du Cameroun, les associations privées de fidèles qui sollicitent la personnalité juridique civile, peuvent suivre simplement la procédure civile de déclaration des associations qui permet d'acquérir la personnalité juridique civile. Elle consiste principalement à introduire auprès de la Préfecture du territoire de son siège principal, une déclaration de constitution civile de l'association accompagnée des statuts et du règlement intérieur. L'autorité administrative ainsi saisie s'assurera que l'objet de l'association n'est nullement

[134] Le can. 225 §1 rappelle à l'endroit de tous les fidèles, particulièrement les laïcs, le devoir de promouvoir l'œuvre d'évangélisation. Ainsi, « Parce que comme tous les fidèles ils sont chargés par Dieu de l'apostolat en vertu du baptême et de la confirmation, les laïcs sont tenus par l'obligation générale et jouissent du droit, individuellement ou groupés en associations, de travailler à ce que le message divin du salut soit connu et reçu par tous les hommes et par toute la terre ». Il convient de préciser ici que l'évangélisation s'entend au sens large, sans se réduire à la christianisation, même si cette dernière est sa finalité objective. Le mouvement d'évangélisation commence en effet lorsque, par la parole et/ou par le témoignage de vie, les valeurs évangéliques sont proposées comme modèles afin que l'humanité tout entière en vive pour le bien de tous.

contraire à la constitution, aux lois et aux bonnes mœurs[135]. Elle vérifiera également que les principes démocratiques qui fondent l'esprit associatif civil ne sont pas altérés, notamment le rôle d'instance délibérative que doit jouer l'assemblée générale des membres. Il reviendra à l'association privée de fidèles de faire ressortir dans ses statuts sa nature catholique et les conséquences du lien nécessaire qui la soumet à l'autorité compétente. À ce sujet, il faudrait veiller à rédiger des statuts qui puissent être acceptés par l'autorité civile sans remettre en question les prérogatives de l'autorité ecclésiastique telles que canoniquement instituées[136], sans pour autant engager directement la responsabilité de cette dernière dans l'ordre civil.

§ Quant aux associations publiques de fidèles, elles ne devraient pas pouvoir solliciter la personnalité juridique civile sans l'accord exprès de l'autorité ecclésiastique compétente dont on aura pris soin d'indiquer son rôle dans les statuts. De toutes les façons, pour l'acquisition de la personnalité juridique civile, ces associations publiques de fidèles doivent veiller à n'emprunter que les catégories civiles qui sont les plus à même d'exprimer leur identité canonique.

Quel que soit l'état des relations Église-État, qu'il y ait ou non des conventions qui facilitent l'accueil du système canonique dans l'ordonnancement civil, il faudrait veiller à éviter un écueil en ce qui concerne le gouvernement des associations de fidèles qui s'insèrent dans l'ordre juridique civil : c'est celui d'avoir des organes de gouvernance dans l'ordre canonique différents de ceux énoncés dans l'ordre civil. Une telle situation porte les germes d'un conflit explosif en cas de divergence de vue entre les deux types d'organes[137]. Pour l'éviter, il est suggéré de « coordonner les statuts des

[135] Cf. Loi n° 90/053 du 19 décembre 1990 relative à la liberté d'association au Cameroun, art. 4.

[136] Cf. J. SCHLICK, loc. cit., p. 5.

[137] Cf. O. ÉCHAPPE, « Les biens des associations d'Église », loc. cit., pp. 61-62. L'auteur illustre la situation par l'exemple concret d'une « grande œuvre pontificale, née en France au XIXe, et structurée civilement dans notre pays [la France] en deux associations civiles se partageant notre territoire, [qui] a vu, il y a quelques années, le conseil d'administration d'une de ses deux associations civiles entrer en conflit avec le directeur national, pourtant nommé par la hiérarchie ecclésiastique ; certes, il s'agissait là d'un conflit de personnes très banal, mais cet exemple illustrera parfaitement notre propos quand on aura ajouté que ce conflit prit un tour très inquiétant lorsque le président du conseil d'administration civil s'aperçut qu'il était titulaire de la signature sur les comptes bancaires et que le directeur national n'exerçait ce pouvoir que sur sa délégation, qu'il s'empressa de retirer. Si, dans ce cas concret, une médiation canonique parvint à ramener une paix

deux associations, civile et canonique, en prenant au minimum la précaution de faire en sorte qu'ils organisent un unique conseil et un unique président-modérateur pour les deux associations »[138].

relative, il est clair que la juxtaposition, pour des raisons liées à l'histoire des relations Église-État dans notre pays, de deux associations, civile et canonique, et de deux régimes de propriété, est un facteur de conflits ».

[138] Ibid., pp. 60-61.

Chapitre 3 :

Administrer l'association des fidèles

S'il importe de souligner l'importance de l'autonomie des associations dans l'Église, il apparaît plus important encore d'en rappeler la signification et les limites. C'est pourquoi, tout en garantissant ce principe, le Code de droit canonique indique également le cadre de sa mise en œuvre, en référence à l'irréductibilité du rôle dévolu à l'autorité ecclésiastique.

1. L'autonomie de gouvernement des associations de fidèles

Aussi bien dans l'ordre canonique que dans l'ordre civil, le gouvernement des associations repose sur le principe de l'autonomie, en réservant aux statuts de chaque association la prérogative d'indiquer les modalités de ce gouvernement. Ce faisant, les associations ecclésiales ont le devoir de mettre en place un modèle de gouvernance qui a une portée évangélique.

1.1. Le principe de l'autonomie de gouvernement des associations

La notion d'autonomie a une forte résonnance dans les sociétés modernes caractérisées qu'elles sont, entre autres, par l'émergence du sujet et l'affirmation individuelle de la personne. Aussi, la philosophie de l'autonomie valorise-t-elle l'idée d'une volonté qui ne se détermine qu'en vertu de son propre être, sans référence à une autre volonté[139].

[139] Cf. P. STOCKINGER et M. VAN DE KERCHOVE « Autonomie », *Dictionnaire encyclopédique de théorie et de sociologie du droit*, 2e édition corrigée et augmentée, Paris, LGDJ, 1993, p.48. Les auteurs indiquent que du point de vue philosophique, la notion d'autonomie englobe «les deux volets d'un même problème qu'est l'existence des objets (ou des systèmes) locaux se distinguant d'un environnement avec lequel ils entretiennent des échanges : il s'agit d'une part de l'irréductibilité de tels objets à d'autres objets et d'autre part du fait que de tels objets possèdent une organisation interne leur permettant de se maintenir dans un contexte changeant, d'évoluer selon leurs propres dynamiques et de se réaliser selon les intentions qui sont spécifiques à chacun d'eux ».

Du point de vue juridique et en lien avec les théories philosophiques de la liberté de la volonté, la notion d'autonomie fait écho à la faculté qu'a une personne de se gouverner par ses propres règles. Dans ce sens, une organisation est dite autonome lorsqu'elle dispose d'un certain degré de liberté d'action par rapport à une autre[140]. Cette acception correspond à l'idée que le législateur canonique se fait de l'autonomie des associations des fidèles, en tenant cependant compte d'un certain droit de regard exercé par l'autorité ecclésiastique à qui revient le devoir/droit de promouvoir la communion qui encadre toute l'activité ecclésiale[141]. C'est pourquoi dans l'ordre canonique, « le mot autonomie signifie la faculté concédée aux corporations ou aux communautés reconnues par le droit ecclésiastique de faire des lois ou des statuts et de s'administrer elles-mêmes ; ces corporations ou ces communautés, au moins dans leur interne, ne sont pas une partie intégrante d'un autre organisme auquel elles seraient soumises. Mais qu'on veuille ici remarquer qu'autonomie ne signifie pas indépendance absolue »[142].

Le Code de droit canonique en vigueur, dans l'élan de la liberté d'association proclamée et pleinement assumée, reconnait la liberté d'organisation interne de chaque association de fidèles. Cette faculté de s'organiser est plus ou moins large selon qu'il s'agit d'une association privée ou, au contraire, d'une association publique. L'association privée dispose d'une plus grande autonomie comme l'atteste le can. 321 suivant lequel « Les fidèles dirigent et gouvernent leurs associations privées selon les dispositions des statuts ». Quant aux associations publiques, le can. 315 indique qu'elles sont régies certes selon leurs propres statuts, mais « sous la haute direction cependant de l'autorité ecclésiastique ».

C'est cette latitude de l'auto-organisation qui traduit principalement l'autonomie des associations, et qui apparait comme la réalisation de la liberté d'association largement admise au sein de l'Église et institutionnalisée par le can. 215. Le principe de

---

140 IBID., p. 49.

141 Cf. A. LONGHITANO, loc.cit., pp. 126-127.

142 P. BASTIEN, « Autonomie », R. NAZ, *Dictionnaire de droit canonique*, Paris, Letouzey et Ané, tome I, 1935, col. 1481.

l'autonomie des associations en matière de gouvernement est une conséquence pratique de cette liberté d'association que le can. 309 formalise en disposant que les « associations légitimement constituées ont le droit d'édicter des règles particulières concernant l'association elle-même, de tenir des assemblées, de désigner des modérateurs, des officiers, des ministres et des administrateurs de biens, selon le droit et les statuts ». En d'autres termes, les associations de fidèles ont le droit d'élaborer comme bon leur semble, leurs statuts et règlements administratifs, d'élire librement leurs représentants et d'organiser leur gestion, à condition cependant de se conformer à la législation canonique universelle et aux orientations en vigueur dans les Églises particulières.

Ainsi, bien qu'il exige que chaque association indique dans ses statuts les modalités de son gouvernement, le Code de droit canonique n'impose pas d'organes précis à adopter obligatoirement par les associations pour leur administration. Tenant compte de la nature de telles entités qui sont fondées sur la participation des membres à la poursuite des finalités indiquées dans les statuts, ainsi que de la nécessité que chacune dispose de dirigeants légitimes, toute association de fidèles doit disposer au minimum d'un organe de participation des membres au processus de prise de décisions et d'un organe exécutif qui coordonne au quotidien la poursuite de ses finalités. Ceci suppose « des fonctions, des personnes, des moyens matériels et financiers, articulés les uns par rapport aux autres pour réaliser une mission et une vision dans la société »[143]. Chaque association a donc grand intérêt à se doter de structures et d'organes de gouvernement adaptés à sa finalité et à ses moyens.

1.2. La gouvernance des associations de fidèles : nécessité d'un leadership évangélique

Le gouvernement des associations d'Église est un lieu et un moyen de témoignage chrétien, car la bonne gouvernance des associations contribue indubitablement à l'œuvre de l'évangélisation. Parler de la gouvernance des associations de fidèles oblige

---

[143] A. LORENT, *Management et structures d'Église. Vers un sens pastoral de la gestion*, Lumen Vitae-PUCAC, Bruxelles-Yaoundé, 2013, p. 7.

à se préoccuper de deux réalités complémentaires, avec d'un côté les structures de gouvernance et de l'autre la manière concrète dont le pouvoir est exercé par les dirigeants associatifs dans l'Église.

S'agissant du gouvernement et des structures de gouvernance, le Code de droit canonique laisse place à la liberté et à la créativité des fidèles qui se regroupent en association. Dans ce sens le can. 304 invite chaque association de fidèles à indiquer dans ses statuts comment elle entend se gouverner, ainsi que les modalités de prises de décisions et de définition des actions à entreprendre. La pertinence des modes et des modalités d'organisation et de fonctionnement sera appréciée à l'aune de leur aptitude à promouvoir et à réaliser le bien commun entendu comme « ensemble de conditions sociales qui permettent, tant aux groupes qu'à chacun de leurs membres, d'atteindre leur perfection d'une façon plus totale et plus aisée »[144]. Un des enjeux ici réside dans le renouvellement des équipes dirigeantes pour éviter que des personnes ne s'éternisent à la tête des structures au risque de les plonger dans la sclérose. Le Dicastère pour les laïcs, la famille et la vie rappelle à ce propos qu'« il est important que l'exercice du gouvernement s'articule correctement dans la communion ecclésiale et se réalise comme un instrument au service des finalités que l'association poursuit »[145].

La question des structures de gouvernement pose en elle-même peu de difficultés. Ce qui préoccupe davantage et dont pourtant on parle très peu, concerne les relations de pouvoir et l'exercice de ce dernier dans les associations. Cet aspect de la gouvernance ne saurait continuer à être occultée, non seulement parce qu'il faudrait prendre conscience que les associations de fidèles sont des lieux d'exercice du pouvoir, mais encore et surtout parce que, de la qualité de son exercice, dépend l'efficacité des projets

[144] *GS*, n° 26.

[145] Concernant le gouvernement des associations de fidèles de droit pontifical, le Dicastère pour les laïcs, la famille et la vie a, par un Décret général promulgué le 3 juin 2021 (rendu public le 11 juin 2021), limité le mandat des dirigeants suprêmes à 5 ans au plus (cf. art. 1), renouvelable sans pouvoir dépasser une durée totale de 10 ans consécutives (cf. art. 2), sauf dispense pouvant être accordée aux fondateurs (cf. art. 5).

L'exposé des motifs dudit Décret, indique ce qui suit : « Dans la définition des critères pour une gestion prudente du gouvernement des associations, le Dicastère pour les Laïcs, la Famille et la Vie a estimé nécessaire de règlementer les mandats des fonctions de gouvernement en termes de durée et de nombre, ainsi que la représentativité des organes de gouvernement, afin de promouvoir un sain renouvellement et de prévenir des appropriations qui ont suscité des violations et des abus dans le passé ».

apostoliques mis en mouvement par ces associations qui sont aussi, et à leur manière, des communautés de fidèles. D'où la nécessité de se soucier de la manière dont est exercé ce pouvoir et, surtout, de veiller à ce que cet exercice correspondance au style que le Christ recommande à ses disciples.

De fait, comme le relève à bon titre un auteur, « Les structures comme les comportements nourrissent les relations de pouvoir, dont le sens pastoral peut parfois échapper à la conscience et se réfugier dans les bonnes intentions plutôt que d'irriguer la recherche et la fidélité à la mission de l'Église »[146]. Or, la mission de l'Église, elle l'a reçu du Christ avec pour recommandation de faire ce qu'il a enseigné et de la manière dont il l'a fait. C'est dire que le modèle de leadership à promouvoir dans les associations de fidèles doit s'inspirer du Christ lui-même. Il peut s'apprécier à partir de critères dont certains ont été identifiés par Albert Lorent[147], expert en management des structures d'Église :

1° l'adhésion des membres de l'association fondée non pas sur la contrainte, mais sur des idéaux et des projets partagés ;

2° le souci de la rencontre et de l'accueil de l'autre différent, avec une recherche permanente du discernement ;

3° un authentique sens du service d'autrui loin de toute recherche de valorisation personnelle.

La dynamique synodale que l'Église est appelée à retrouver et à amplifier, interpelle tous les acteurs ecclésiaux, et pas seulement la hiérarchie. Tous doivent porter en permanence le souci du faire ensemble, en fondant toutes leurs pratiques dans le style synodal qui s'entend par des modes d'agir inclusifs : écoute mutuelle, marche commune, décisions concertées, dans le respect des responsabilités de chacun, etc.[148].

---

146 A. LORENT, *Op.cit.*, p. 252.

147 IBID., p. 275.

148 XVIe ASSEMBLEE GENERALE ORDINAIRE DU SYNODE DES EVEQUES, *Pour une Église synodale : communion, participation, mission*, Deuxième session tenue les 2-27 octobre 2024, Document final, 26 octobre 2024, n° 43 : « La synodalité est avant tout une disposition spirituelle, qui imprègne la vie quotidienne des baptisés et tous les aspects de la mission de l'Église ».

S'agissant des associations de fidèles, leur nature non-hiérarchique devrait pouvoir faciliter les processus du *discerner ensemble* dans les décisions à prendre et les actions à entreprendre. À leur niveau, l'esprit synodal devrait plus facilement s'implémenter, ce d'autant plus que ces associations de fidèles ont par nature une forte dimension collégiale. En effet, à égalité de droits ou non, il est attendu que les membres des associations, dans le respect des statuts, prennent part en commun aux décisions[149].

Mais l'esprit synodal est rarement inné, et travailler ensemble ne vas pas de soi. Il faudrait y avoir été préparé. D'où la mission spéciale que donne le can. 329 à ceux qui dirigent les associations, notamment celles réunissant les laïcs, de former leurs membres à l'exercice de l'apostolat qui leur est propre. Ce thème de la formation est si important que le Décret conciliaire sur l'apostolat des laïcs lui a consacré tout son chapitre VI. Ainsi,

> Les groupements et associations diverses de laïcs qui se consacrent à l'apostolat ou à toute autre fin spirituelle doivent soigneusement et assidûment favoriser, selon leurs objectifs et leurs propres modalités, cette formation à l'apostolat. Ces organismes constituent d'ailleurs souvent la voie ordinaire de cette formation à l'apostolat. On y trouve en effet la formation doctrinale, spirituelle et pratique. Leurs membres réunis en petits groupes avec leurs compagnons ou leurs amis, examinent les méthodes et les résultats de leur action apostolique et cherchent ensemble dans l'Évangile à juger leur vie quotidienne[150].

Cela dit, et comme le rappelle le Synode sur la synodalité de 2024, « La prise de décision ne conclut pas le processus décisionnel. Celui-ci doit être accompagné et suivi par des pratiques de rendre-compte et d'évaluation, dans un esprit de transparence inspiré par des critères évangéliques[151]. Il est attendu que les responsables des associations de fidèles soient des leaders en Église, soucieux de faire grandir l'association et ses membres. La qualité du leadership dans les associations de fidèles

[149] Cf. Can. 115 §2 : « Un ensemble de personnes, qui doit être constitué d'au moins trois personnes, est collégial si ses membres en déterminent l'action en prenant part en commun aux décisions à prendre à égalité de droit ou non, selon le droit et les statuts ».

[150] *AA*, n° 30.

[151] XVIe ASSEMBLEE GENERALE ORDINAIRE DU SYNODE DES EVEQUES, op. cit., n° 95.

est d'autant plus à promouvoir que ces associations ne sont pas à l'abri de conflits qu'il convient, lorsqu'ils surviennent, de bien gérer pour continuer à avancer. En effet, comme tous les organismes humains, les associations de fidèles peuvent voir naître des conflits en leur sein. Ce n'est donc pas la survenance des conflits qui ferait problème, mais davantage leur mauvaise gestion.

Le Code de droit canonique présente divers modes de résolution pacifique des conflits, en particulier la correction fraternelle[152], dont peuvent s'inspirer les leaders associatifs dans l'Église. L'enjeu principal ici est d'agir dans la communion ecclésiale[153]. En établissant que « Les fidèles sont liés par l'obligation de garder toujours, même dans leur manière d'agir, la communion avec l'Église », le can.209 §1 en fait un devoir non seulement pour chaque fidèle pris individuellement, mais encore, et a fortiori, pour l'entité associative formée par plusieurs fidèles réunis. Encore que, l'une des missions fondamentales des autorités ecclésiastiques, en particulier des évêques, est de promouvoir et de préserver la communion ecclésiale[154]. C'est la principale raison d'être de la vigilance qu'ils sont appelés à exercer à l'égard des associations ecclésiales.

2. La référence à l'autorité ecclésiastique : faire place à la vigilance

Le canon 305 §1 rappelle d'emblée que « toutes les associations de fidèles sont soumises à la vigilance de l'autorité ecclésiastique compétente ». Il importe de rappeler le sens de cette vigilance ecclésiastique, et de situer le cadre canonique de son exercice en matière d'association des fidèles, tant publiques que privées.

---

[152] Cf. Can. 1341.

[153] Cf. *ChL*, n° 64.

[154] Cf. CONGREGATION POUR LES ÉVEQUES, *Directoire pour le ministère pastoral des évêques "apostolorum successores"*, Cité du Vatican, 22 février 2004. Le document présente l'Évêque comme le centre de l'unité de l'Église particulière dont il a la charge. A ce titre, il « doit promouvoir et défendre continuellement la communion ecclésiale [...] A l'égard les fidèles laïcs, l'Évêque se fera promoteur de communion, les introduisant dans l'unité de l'Église particulière, selon leur vocation et leur mission propres, reconnaissant leur juste autonomie, écoutant leur conseil et envisageant avec sollicitude leurs légitimes demandes dans l'ordre des biens spirituels dont ils ont besoin. Il accueillera les associations laïques dans le cadre pastoral du diocèse, toujours dans le respect de l'identité propre de chacune » (n° 63).

2.1. La fonction de vigilance ecclésiastique

De sa nature propre, la vigilance exercée par l'autorité ecclésiastique est intrinsèquement liée au ministère pastoral de l'évêque qui se déploie au moyen des *tria munera* que sont les fonctions d'enseignement, de sanctification et de gouvernement. C'est à cette dernière fonction que se rattache plus précisément la vigilance.

En étant au service de la communion ecclésiale[155], la vigilance se conçoit, non pas comme action de surveiller – car cela sous-entendrait de la suspicion ou de la méfiance – mais plutôt comme action de veiller pour s'assurer que tout tourne au bien commun[156], en encourageant, en exhortant, en réprimandant de manière fraternelle, et si nécessaire, en appliquant des sanctions appropriées[157]. La vigilance est donc bienveillante par nature. Elle doit être discrète mais opérante, aussi attendrissante qu'une brise dont on ne sent la présence qu'à travers la douceur du souffle qu'elle diffuse. S'adressant aux évêques allemands en visite *ad limina* auprès du Siège Apostolique, le pape Benoît XVI eut ces beaux mots qui peuvent être rapportés à tout le mouvement associatif dans l'Église : « Il nous est demandé à nous, pasteurs, d'accompagner de près, avec une sollicitude paternelle, de manière cordiale et sage, les mouvements et les communautés nouvelles, pour qu'ils puissent généreusement mettre au service de l'utilité commune, de manière ordonnée et féconde, les nombreux dons dont ils sont porteurs et que nous avons appris à connaître et à apprécier »[158].

La vigilance ecclésiastique est une dimension de la charge pastorale, entendue comme mission confiée à ceux qui, exerçant le ministère sacré, assurent l'activité permanente et multiforme à travers laquelle l'Église dispensent aux fidèles les biens spirituels que le Christ garantie à tous[159]. C'est pourquoi la vigilance est d'abord présentée comme un devoir de l'autorité ecclésiastique avant d'être un droit. C'est le devoir qui incombe

---

[155] Cf. IBID.

[156] Cf. M. DELGADO GALINDO, « L'exercice de la vigilance de l'autorité ecclésiastique à l'égard des associations de fidèles », *L'Année canonique*, 52, 2010, p. 257.

[157] Cf. *LG*, n° 27.

[158] BENOIT XVI, Discours aux évêques de la Conférence épiscopale de la République Fédérale d'Allemagne en visite *ad limina apostolorum*, 18 novembre 2006, www.vatican.va

[159] Cf. *LG* dont le n° 27 définit la charge pastorale des évêques comme « le soin habituel et quotidien de leurs brebis ».

au pasteur de prendre soin des brebis qui lui sont confiées, et toutes les sphères de la vie ecclésiale sont concernées. L'on s'étonnerait qu'un pan important de cette activité apostolique constituée par les associations de fidèles, soit exclu de ce soin.

Toute association de fidèles doit nécessairement entretenir des liens avec la hiérarchie de l'Église. De fait, en tant qu'elles sont des communautés ecclésiales, les associations de fidèles sont soumises à l'autorité ecclésiastique à qui revient la charge de veiller au bien commun ecclésial. Dans ce sens, en rappelant toutes les associations de fidèles sont soumises à la vigilance de l'autorité ecclésiastique, le can. 305 §1 précise que c'est bien à cette autorité qu'il « appartient d'avoir soin que l'intégrité de la foi et des mœurs y soit préservée, et de veiller à ce que des abus ne se glissent pas dans la discipline ecclésiastique ; c'est donc le devoir et le droit de l'autorité compétente d'exercer la vigilance selon le droit et les statuts ».

La fonction de vigilance ecclésiastique s'exerce à l'égard de toutes les associations de fidèles, quelle qu'en soit le type. Elle a une finalité précise qui est celle d'éviter que des abus ne se glisse dans la discipline de l'Église, tant en ce qui concerne les personnes dans leurs comportements et attitudes qu'en ce qui concerne la gestion des biens matériels.

§ *Vigilance à l'égard des personnes et pour la sauvegarde de la doctrine de l'Église.*

La vigilance à l'égard des personnes vise à garantir non seulement l'authenticité de la foi et du témoignage de vie évangélique, mais aussi à assurer la coordination de l'action ecclésiale, sans oublier la protection des personnes. Elle peut s'exercer de diverses manières, discrètes ou ostensibles[160]. C'est dans cette logique que se situe par exemple la visite pastorale dont le but est essentiellement de permettre à l'Ordinaire de mieux connaître les communautés dont il a la charge, et, dans notre cas, les associations de fidèles qui opèrent dans l'Église

[160] Cf. A. LONGHITANO, loc. cit., p. 127.

particulière, et d'encourager les fidèles à accomplir convenablement leurs devoirs de chrétiens.

§ *Vigilance par rapport à l'administration des biens temporels.*

La vigilance sur les biens des associations publiques de fidèles coule de source, étant donné que ces biens sont des biens ecclésiastiques, contrairement aux biens des associations privées. Mais tout en respectant la nature privée des biens de ces dernières, l'autorité conserve à leur égard un droit de vigilance quant à leur bonne utilisation aux fins prévues. Au cas où un mauvais emploi des biens lui serait signalé, l'autorité ecclésiastique peut entreprendre une enquête et demander que les comptes lui soient rendus. En outre, toutes les associations de fidèles, même privées, sont soumises à l'autorité de l'Ordinaire compétent en ce qui concerne l'administration et la distribution des biens qui leur sont donnés ou confiés pour des causes pies, en tant qu'il en est le principal exécuteur[161].

Ainsi entendu, le devoir/droit de vigilance que l'Église reconnaît à la hiérarchie ecclésiastique est un véritable ministère pastoral.

2.2. Le ministère de vigilance sur les associations publiques

En règle générale, les associations publiques, comme toutes les autres associations dans l'Église, s'administrent librement suivants leurs statuts propres. Cependant et compte tenu des finalités qu'elles ont à poursuivre, les associations publiques de fidèles sont placées sous la haute direction de l'autorité ecclésiastique[162]. La fonction de direction quotidienne qui revient au modérateur, est très importante dans ce type d'associations de fidèles, d'où l'attention que lui porte la législation canonique. Ce qui, dans le Code de 1917 (c. 715), était prescrit seulement pour les confréries et les unions pieuses est désormais imposé aux associations publiques, à savoir que, du fait qu'elles agissent au nom de l'Église, il appartient à celle-ci de vérifier que ceux qui les dirigent sont des

161 Cf. Can. 325, § 2.

162 Cf. Can. 315 : « Les associations publiques peuvent entreprendre de leur propre initiative les projets conformes à leur caractère propre ; elles-mêmes sont régies selon leurs statuts sous la haute direction cependant de l'autorité ecclésiastique dont il s'agit au can. 312, § 1 ».

personnes idoines. La hiérarchie joue donc un rôle important de veille sur le bon fonctionnement des associations publiques de fidèles, sous diverses déclinaisons.

Contenu de la vigilance sur les associations publiques

Le devoir/droit de vigilance que l'autorité ecclésiastique est appelée à exercer sur les associations publiques porte sur différents domaines de la vie associative.

§ Désignation du modérateur (président ou présidente) de l'association publique, ou tout au moins, implication dans le processus de nomination. En effet, conformément au can. 317 §1, le modérateur de l'association publique doit être confirmé, institué ou nommé par l'autorité ecclésiastique compétente[163]. De toutes les façons, l'autonomie de l'association publique est restreinte en cette matière. Bien qu'un autre mode de désignation puisse être prévu dans les statuts, cette autonomie consiste pour l'association à proposer un ou des candidats à la charge de modérateur, laissant le soin à l'autorité compétente d'apprécier l'idonéité des candidats proposés et de confirmer celui qui lui semble le plus idoine[164].

§ Nomination du chapelain ou assistant ecclésiastique : le même can. 317 §1 indique qu'il revient à l'autorité ecclésiastique compétente de nommer le chapelain ou assistant ecclésiastique. Il doit cependant, là où c'est opportun, prendre l'avis des principaux responsables de l'association concernée.

§ Révocation du modérateur et de l'assistant ecclésiastique : au pouvoir de nommer ou de désigner les responsables, correspond habituellement le pouvoir

[163] Can. 317 § 1 : Sauf disposition autres dispositions des statuts, il appartient à l'autorité ecclésiastique dont il s'agit au can. 312, § 1, de confirmer le modérateur de l'association publique élu par celle-ci, d'instituer celui qui a été présenté ou de le nommer de sa propre autorité.

§ 2. La règle du § 1 vaut également pour les associations érigées par des membres d'instituts religieux en dehors de leurs propres églises ou maisons, en vertu d'un privilège apostolique ; quant aux associations érigées par des membres d'instituts religieux dans leur propre église ou maison, la nomination ou la confirmation du modérateur et du chapelain appartient au Supérieur de l'institut selon les statuts.

[164] Cf. Il convient que les statuts de l'association publique indiquent clairement le mode de désignation du Modérateur, en se référant aussi aux dispositions canoniques relatives à la désignation aux offices ecclésiastiques (cf. 147 *et sq.*). Si l'association choisit de présenter un ou des candidats à la charge de modérateur, obtiendra la charge celui qui aura été institué ; si par contre le choix du candidat par l'association se fait par élection, le candidat élu ne reçoit la charge de Modérateur que s'il est confirmé par l'autorité ecclésiastique.

de les révoquer, pour une juste cause. Celui qui accepte un mandat doit accepter que l'autorité qui le lui a confié puisse retirer ce mandat si les conditions pour son exercice ne sont plus satisfaites. Ainsi, est-il du pouvoir de l'autorité ecclésiastique compétente de révoquer le modérateur ou l'assistant ecclésiastique d'une association publique de fidèles[165].

§ Pouvoir de nommer un administrateur provisoire en cas de défaillance constatée : le can 318 § 1 prévoit que « Dans des circonstances spéciales, là où des raisons graves le requièrent, l'autorité ecclésiastique dont il s'agit au can. 312, § 1, peut désigner un commissaire qui dirigera provisoirement en son nom l'association ». Une telle intervention est également prévue par le can. 1279 §1 qui évoque explicitement le cas de négligence de l'administrateur.

§ Pouvoir de supprimer l'association publique de fidèles. Le can. 120 §1 établit la règle générale suivant laquelle les personnes juridiques, bien que perpétuelles par nature, peuvent légitiment être supprimées par l'autorité compétente. Dès lors, comme les autres personnes juridiques publiques dans l'Église, l'association publique de fidèles peut être supprimée par l'autorité ecclésiastique compétente comme cela transparaît des dispositions du can. 320. En plus des associations pontificales, le Siège Apostolique peut, en vertu du pouvoir plénier et universel du Successeur de Pierre, supprimer toute association ecclésiastique dans l'Église[166]. La Conférence nationale des évêques peut supprimer les associations nationales, tandis que l'Évêque diocésain peut supprimer celles dont il est l'Ordinaire propre. Cela dit, il faut relever avec un auteur que « la suppression est l'acte le plus grave que l'autorité compétente peut prendre envers une association publique. C'est pourquoi des causes graves sont généralement requises et, avant d'agir, les dirigeants devront être entendus »[167].

---

165 Can. 318 § 2 : Celui qui a nommé ou confirmé peut, pour une juste cause, écarter le modérateur d'une association publique, après avoir cependant entendu le modérateur lui-même ainsi que les officiers majeurs de l'association selon les statuts ; celui qui a nommé le chapelain peut l'écarter selon les can. 191-195.

166 Cf. Can. 331.

167 L. F. NAVARRO, « Commentaires des canons 298-329 », T. SOL (dir.), *Code de droit canonique bilingue et annoté*, 5e édition mise à jour au 26 juin 2024, Collection Gratianus, Montréal, Librairie Wilson & Lafleur inc., 2024, p. 264.

Rôle de l'aumônier dans une association publique de fidèles

En rappelant que la fonction de l'aumônier ou chapelain est essentiellement pastorale, chargé qu'il est du soin spirituel d'un groupe spécifique de fidèles[168], il faut aussi relever que dans une certaine mesure, l'aumônier d'une association publique de fidèles, contribue à l'exercice de la vigilance qui revient à l'autorité ecclésiastique sur les associations.

Dans une association publique, l'aumônier porte plus souvent le titre d'assistant ecclésiastique. Il est celui qui assure immédiatement la fonction de vigilance en tant que représentant de l'autorité ecclésiastique compétente auprès de l'association[169]. Son rôle doit s'apprécier en lien avec la place éminente qu'occupe la hiérarchie dans ce type d'association, même s'il faut immédiatement rappeler qu'il ne devrait pas s'immiscer directement dans l'administration de l'association, sauf disposition expresse des statuts. Dans ce sens, il lui revient de représenter l'autorité ecclésiastique et de s'occuper des aspects spirituels et formatifs au sein de l'association. Il a le droit d'assister aux réunions de l'association, en tenant compte des dispositions statutaires. Il doit également tenir informé l'Ordinaire des principales activités de l'association et présenter périodiquement un rapport sur la situation religieuse de l'association publique concernée[170].

2.3. Le ministère de vigilance sur les associations privées

Comparées aux associations publiques, les associations privées gardent une large autonomie. Conformément à leurs statuts qui constituent pour elles le droit propre, elles nomment librement leurs responsables. Si les autorités ecclésiastiques approuvent ces statuts, les associations privées peuvent acquérir la personnalité juridique, c'est-à-dire qu'elles seront reconnues par l'Église comme des personnes à part entière, avec les

[168] Cf. Can 564 : « Le chapelain est le prêtre à qui est confiée de façon stable la charge pastorale, au moins en partie, d'une communauté ou d'un groupe particulier de fidèles, qu'il doit exercer selon le droit universel et particulier ».

[169] Cf. T. B. Ruiz, p. 332.

[170] Cf. M. Delgado Galindo, « Les prêtres dans les associations de fidèles », 20 janvier 2011, http://www.laici.va/content/laici/fr/sezioni/associazioni.html, n° 3.

droits et obligations afférents. Dans certains cas, l'Église peut aussi exprimer un jugement de valeur à l'égard d'une association privée en la « recommandant » aux autres fidèles, ou en « louant » son activité.

Les associations privées de fidèles se choisissent librement des conseillers spirituels (aumôniers), pour les accompagner. Ceux-ci ont néanmoins besoin d'être confirmés par leur Ordinaire propre.

Les biens des associations privées n'étant pas des biens ecclésiastiques, ils sont administrés seulement selon les dispositions statutaires des associations respectives. Toutefois, l'autorité ecclésiastique doit veiller à ce que lesdits biens soient utilisés pour les fins réelles de l'association, qui doivent toujours être de nature ecclésiale (CIC, c. 325, § 1). Elle doit donc s'abstenir d'interférer dans l'administration directe des biens de l'association privée de fidèles, qui revient seulement à ses responsables, en conséquence du principe d'autonomie.

Le contenu de la vigilance sur les associations privées

Le devoir/droit de vigilance de l'autorité ecclésiastique s'exerce aussi à l'égard des associations privées de fidèles. Comme c'est le cas pour toutes les entités catholiques, cette prérogative est instituée dans le but de garantir le bien public et la cohésion pastorale, ainsi que le rappelle le can. 305 §1. Il conviendrait dans ce sens que les statuts de chaque association privée prévoient des dispositions rappelant les prérogatives liées au droit de vigilance de l'autorité ecclésiastique.

Le bon exercice du droit de vigilance de l'autorité ecclésiastique sur les associations privées de fidèles suppose que ladite autorité s'abstienne d'intervenir directement dans le gouvernement et les prises de décisions de ces associations. Et même s'il s'avère nécessaire pour elle d'intervenir pour corriger les abus, ce devrait se faire selon le droit et les statuts. A contrario, cette même autorité ecclésiastique a un devoir de bienveillance et de soutien des associations. C'est l'orientation donnée par le Concile Vatican II qui en formule l'orientation générale en indiquant qu'il « appartient à la hiérarchie de favoriser l'apostolat des laïcs, de lui donner principes et assistance spirituelle, d'ordonner son exercice au bien commun de l'Église, et de veiller à ce que la doctrine et les dispositions fondamentales soient respectées »[171].

Le rôle de l'aumônier dans les associations privées

Pour assumer plus facilement la mission d'accompagnement pastoral dont doivent pouvoir bénéficier les associations privées de fidèles pour le soin spirituel de leurs membres, la hiérarchie ecclésiastique peut nommer des aumôniers qui y jouent le rôle de conseillers spirituels, en tenant autant que possible compte des suggestions des associations concernées[172]. Dans l'exercice de leur charge, les aumôniers dans les associations privées de fidèles sont limités dans leurs interventions. Leur rôle de vigilance reste néanmoins fondamental pour garantir l'identité catholique et l'ecclésialité de l'association concernée. Ils y sont, comme le rappelle le Concile Vatican II, « défenseurs du bien commun, dont ils ont la charge au nom de l'évêque »[173]. Les Pères conciliaires à Vatican II ont été très explicites en indiquant ce qui est attendu des évêques et des aumôniers dans la promotion et l'accompagnement de l'apostolat des laïcs :

> « Les évêques choisiront avec soin des prêtres capables et bien avertis pour s'occuper des formes particulières de l'apostolat des laïcs. Ceux qui exercent ce ministère en vertu d'une mission reçue de la hiérarchie, la représentent dans son action pastorale : toujours attachés fidèlement à l'esprit et à la doctrine de l'Église, ils favoriseront entre les laïcs et la hiérarchie les relations convenables ; ils se dépenseront pour nourrir la vie spirituelle et le sens apostolique au sein des associations catholiques qui leur sont confiées ; ils seront présents à leur action apostolique par leurs avis judicieux et favoriseront leurs projets ; en dialogue constant avec les laïcs, ils rechercheront attentivement les formes les plus capables de rendre l'action apostolique plus fructueuse ; ils développeront l'esprit d'unité au sein même de l'association aussi bien qu'entre elle et les autres »[174].

---

[171] *LG*, n° 24.

[172] Cf. Can. 324 §2 : « L'association privée de fidèles peut librement se choisir un conseiller spirituel, si elle le désire, parmi les prêtres exerçant légitimement le ministère dans le diocèse ; celui-ci a cependant besoin d'être confirmé par l'Ordinaire du lieu ».

[173] CONCILE VATICAN II, Décret sur le ministère et la vie des prêtres *Presbyterorum ordinis*, 7 décembre 1965, n° 9.

[174] *AA*, n° 25.

Ainsi, en tant que conseiller spirituel, l'aumônier auprès d'une association privée de fidèles a pour mission principale d'animer pastoralement l'association, d'y promouvoir la doctrine chrétienne, et de favoriser des relations saines avec les Ordinaires dont il s'efforcera de faire connaître les orientations pastorales en vue de leur implémentation.

Quant aux associations privées de fidèles elles-mêmes, ainsi que chacun de leurs membres, la liberté qui leur est reconnue de s'organiser en association avec la prérogative de s'autogouverner, n'est pas sans limite ni sans obligations. Ils doivent se disposer à toujours agir dans le sens de la communion ecclésiale. C'est ainsi que Jean-Paul II rappelait à tous les fidèles que « la communion avec le pape et avec l'évêque doit s'exprimer dans une disponibilité loyale à recevoir leurs enseignements doctrinaux et leurs directives pastorales »[175].

3. L'administration des biens des associations de fidèles

Pour mener leurs activités et atteindre leurs finalités, les associations de fidèles ont besoins de biens temporels. C'est d'ailleurs pour cette raison qu'il est recommandé à l'autorité ecclésiastique de ne pas accorder la personnalité juridique à une association qui ne semble pas disposer de moyens suffisants pour atteindre les finalités qu'elle s'est fixées[176]. Par-delà leur disponibilité, l'on perçoit aussi la nécessité de la bonne administration des biens de toutes associations, même si le législateur canonique porte davantage son attention sur ceux des associations publiques. Mais la problématique des biens temporels est également un des lieux où la rencontre du droit canonique et du droit civil peut être conflictuelle, notamment dans les systèmes étatiques qui ignorent totalement le droit associatif canonique[177].

---

[175] *ChL*, n° 30.

[176] Cf. can. 114 §3.

[177] Nous ne nous attardons pas sur cet aspect de la question, mais les fondateurs et membres d'association de fidèles ne doivent pas l'ignorer. Analysant la situation de la France, un auteur fait remarquer que, « la gestion des biens des associations n'est pas une chose simple, mais la question est encore rendue plus compliquée, voire en certains cas difficilement soluble, pour les associations d'Église qui doivent articuler, c.-à-d. respecter simultanément, les deux droits qui s'imposent à elles, alors même que, sauf le cas particulier des associations diocésaines, les deux droits s'ignorent... ou, plus exactement, que le droit civil ignore superbement le droit canonique ! Il faut en effet rappeler clairement que le droit civil ne demande aux associations d'Église (comme aux autres) rien de plus que... de le respecter, et qu'il fait, du respect

3.1. Les biens des associations publiques de fidèles

Les biens temporels des associations publiques de fidèles sont administrés suivants les normes que chacune de ces associations s'est fixées dans ses statuts tels qu'approuvés ou donnés par l'autorité compétente. Toutefois, étant donné qu'en vertu du c. 1257, ces biens ont la qualité de biens ecclésiastiques ou biens d'Église, leur administration doit se faire en référence aux dispositions du Livre V du CIC/83. Ce dernier donne des orientations générales mais aussi des règles concrètes pour la gestion des biens de l'Église qu'il convient de mettre en œuvre en tenant compte de la nature de l'organe ecclésial propriétaire des biens concernés. Pour cette raison, il importe que les statuts de chaque association publique de fidèles fassent place aux dispositions du Code de droit canoniques relatives à l'administration des biens ecclésiastiques, en ayant comme principe de base leur bonne gestion et leur destination aux finalités de l'association.

De manière générale et tenant compte de ce qui précède, les dispositions du Code de droit canonique relatives aux biens des associations publiques de fidèles ont pour principale ambition de s'assurer que ces biens sont « administrés dans un esprit de charité, de continuité, d'efficacité et de transparence »[178]. Dans ce sens, deux grands types de règles de gestion doivent être prévus. Certaines de ces règles concernent les personnes et organes intervenant dans la gestion, d'autres portent sur les procédures à respecter pour poser les actes d'administration ou de gestion. Un troisième type de règles doit être indiquées dans les statuts pour traiter la question de l'aliénation des biens des associations publiques de fidèles.

§ S'agissant des personnes et organes en charge de l'administration, il faut avant tout rappeler la disposition du can. 1279 §1 suivant laquelle, « l'administration des biens ecclésiastiques revient à celui qui dirige de façon immédiate la personne à qui ces biens appartiennent, à moins d'une autre disposition du droit particulier, des statuts ou d'une coutume légitime ».

---

du droit canonique par lesdites associations d'Église, l'affaire personnelle de celles-ci ! », Cf. O. ÉCHAPPE, « Les biens des associations d'Église », *loc. cit.*, p. 56.

[178] CONFERENCE DES EVEQUES DE BELGIQUE, *Charte de bonne gestion des biens d'Église*, 6 avril 2017, n° 2, p. 5.

Les statuts devront donc préciser si l'administration des biens de l'association publique concernée est dévolue à son modérateur/président ou à une autre personne telle que par exemple, le trésorier. Compte tenu de la forte dimension participative qui caractérise les associations, il convient que le trésorier ou une autre personne qui n'est pas le modérateur/président, assure la charge de gestionnaire des biens de l'association, sous l'autorité cependant du modérateur/président à qui reviendrait un rôle de vigilance et de sauvegarde de la bonne administration desdits biens.

Parmi les organes intervenant dans la gestion, celui en charge de la mission de conseil économique et financier doit obligatoirement être constitué. Un tel organe, exigé par le can. 1280, a pour tâche « d'aider l'administrateur dans l'accomplissement de sa charge ». Si l'association concernée est d'une certaine importance, cet organe prendra la forme d'un conseil pour les affaires économiques, constitué d'au moins trois membres. Par contre, si l'association est d'une importance moindre, deux conseillers pourraient suffire.

- Par ailleurs, le can. 1284 §1 prescrit aux administrateurs et aux gestionnaires des biens de l'association publique, d'agir toujours *en bon* père de famille. Dans ce sens, ils doivent scrupuleusement observer les dispositions normatives, aussi bien canoniques que civiles, le but étant que les biens soient employés aux fins de l'association, qu'ils soient protégés de tout risque de perte ou de dégradation, et éventuellement qu'ils produisent des fruits[179].

---

[179] Cf. can 1284 :

§1 Tous les administrateurs sont tenus d'accomplir soigneusement leur fonction en bon père de famille.

§2 Ils doivent en conséquence :

1° veiller à ce que les biens qui leur sont confiés ne périssent pas et ne subissent aucun dommage, de quelque manière que ce soit, en concluant pour cela, si nécessaire, des contrats d'assurances ;

2. veiller à garantir par des moyens valides en droit civil la propriété des biens ecclésiastiques ;

3. observer les dispositions du droit tant canonique que civil, ou celles qui seraient imposées par le fondateur, le donateur ou l'autorité légitime, et prendre garde particulièrement que l'Église ne subisse un dommage à cause de l'inobservation des lois civiles ;

4. percevoir avec soin et en temps voulu les revenus et profits des biens, les conserver en sécurité une fois perçus, et les employer selon l'intention du fondateur ou les règles légitimes ;

5. payer au temps prescrit les intérêts d'un emprunt ou d'une hypothèque, et veiller à rembourser à temps le capital ;

§ Pour faciliter un bon suivi de l'administration des biens de l'association publique, le CIC/83 en son can. 1277 prévoit trois modes d'agir, en fonction de l'importance des actes d'administration à poser : administration ordinaire simple, administration ordinaire de grande importance ou administration extraordinaire[180]. Il revient alors à chaque association publique d'indiquer dans ses statuts les actes qui relèvent de l'administration ordinaire de grande importance et qui requiert la consultation préalable, et ceux qui relèvent de l'administration extraordinaire, nécessitant pour cela une autorisation préalable[181].

§ De manière générale et en référence aux dispositions du can. 127 §2, celui qui a la charge de l'administration des biens peut poser des actes d'administration ordinaire simples sans avoir à se référer à une autre instance, en respectant uniquement les prévisions budgétaires et les besoins à satisfaire pour le bien de l'association. Par contre, lorsqu'il s'agit de poser un acte d'administration de plus grande importance, il doit préalablement requérir l'avis d'autres personnes et/ou organes associatifs. Enfin, s'agissant des actes extraordinaires, l'administrateur doit nécessairement obtenir le consentement préalable des personnes et/ou organes indiqués par les statuts.

§ Au regard des exigences canoniques évoquées, les statuts de l'association publique devront indiquer clairement les procédures à suivre en vue d'engager des actes relevant de l'administration de grande importance ainsi que ceux

6. employer aux fins de la personne juridique, avec le consentement de l'Ordinaire, les sommes disponibles après le solde des dépenses et qui peuvent être utilement placées ;

7. tenir en bon ordre les livres des recettes et des dépenses ;

8. préparer à la fin de chaque année un compte rendu de leur administration ;

9. classer soigneusement et garder en des archives sûres et convenables les documents et instruments qui fondent les droits de l'Église ou de l'institut sur ces biens ; déposer en plus, là où cela peut se faire commodément, des copies authentiques de ces actes aux archives de la curie.

[180] A ces trois modes d'agir, il faut ajouter les procédures spéciales qui doivent être prévues pour l'aliénation de certains biens de l'association. En effet, pour le droit canonique, l'aliénation ne relève pas de l'administration strictement entendue, ainsi que le c. 1254 §1 distingue les deux notions. Le CIC/83 traite différemment l'une et l'autre, les normes concernant l'administration étant distinctes de celles qui portent sur l'aliénation

[181] Cf. Can. 1281 §2 : « Les statuts préciseront les actes qui dépassent les limites et le mode de l'administration ordinaire ; dans le silence des statuts, il revient à l'Évêque diocésain de déterminer pour les personnes qui lui sont soumises quels sont les actes de cette nature, après qu'il ait entendu le conseil pour les affaires économiques ».

relevant de l'administration extraordinaire. Précisément, les statuts devront indiquer les personnes et organes à consulter, et celles de qui l'administrateur et le gestionnaire devront obtenir le consentement préalable en cas de besoin.

Le caractère ecclésiastique attaché aux biens temporels des associations publiques de fidèles n'en retire ni la possession, ni la propriété, à l'association publique de fidèles qui les as légitimement acquis. Cependant, le caractère ecclésiastique de ces biens a des conséquences pratiques dont l'une d'elle est que l'association publique contracte deux obligations spécifiques envers l'autorité ecclésiastique compétente :

rendre compte annuellement de sa gestion et de l'usage des biens de l'association (can. 1287) ;

se référer à l'Ordinaire compétent pour l'acceptation des dons grevés de charges (can. 1267 §2), et se soumettre à sa tutelle pour la gestion des pieuses volontés en tant qu'il en est le premier exécuteur (cf. can. 1301),[182] etc.

Ces deux obligations concrétisent la prérogative qui revient à l'autorité compétente d'assurer la haute direction de l'association publique qui relève d'elle, à savoir, suivant le can. 312, l'évêque diocésain pour les associations diocésaines, la Conférence des évêques pour les associations nationales, et le Siège Apostolique pour les associations internationales. Ces mêmes autorités exercent également leur droit de vigilance sur les associations privées de fidèles en matière d'administration des biens, mais dans des proportions moins importantes, suivant l'esprit général du can. 304 qui fait devoir à ces autorités relativement à toutes les associations, « de veiller à ce que des abus ne se glissent pas dans la discipline ecclésiastique »[183].

[182] Le rôle d'exécuteur des pieuses volontés n'autorise pas l'Ordinaire à les administrer ou à s'ingérer dans leur administration. Exerçant son droit de vigilance, il doit s'assurer que la volonté des donateurs soit toujours respectée. En effet, précise le can. 1300, « Les volontés des fidèles qui donnent ou laissent leurs biens pour des causes pies par acte entre vifs ou pour cause de mort, une fois légitimement acceptées, seront très soigneusement exécutées, même en ce qui concerne le mode d'administration et d'utilisation des biens ». C'est aussi pour cette raison qu'il revient à l'Ordinaire la prérogative de modifier les volontés des donateurs lorsqu'elles ne correspondent plus aux réalités du temps, certes « en préservant, de la meilleure façon possible, la volonté du fondateur » (can. 1310 §1).

[183] Voir aussi can. 323 §1 : « Bien que les associations privées de fidèles jouissent de l'autonomie selon le can. 321, elles sont soumises à la vigilance de l'autorité ecclésiastique selon le can. 305, et aussi à son gouvernement ».

3.2. Les biens des associations privées de fidèles

Pour l'administration de leurs biens, les associations privées de fidèles bénéficient d'une large autonomie. Elles fixent librement les règles d'administration de leurs biens qui sont considérés à juste titre comme des biens privés, contrairement aux biens des associations publiques qui sont qualifiés de biens ecclésiastiques. Le principe général de l'autonomie des associations privées de fidèles dans ce domaine est fixé au can. 325 §1 suivant lequel, « L'association privée de fidèles administre librement les biens qu'elle possède selon les dispositions des statuts, restant sauf le droit qu'a l'autorité ecclésiastique compétente de veiller à ce que les biens soient employés aux buts de l'association ».

Ainsi, l'autonomie d'administration des biens des associations privées comporte deux limites : 1° d'une manière générale, ces associations restent soumises à la vigilance de l'autorité ecclésiastique qui, en vue du bien commun et dans le respect de la liberté d'organisation des associations, peut instruire des manières de faire à suivre par tous ceux qui relèvent de son pouvoir de juridiction[184] ; 2° de manière spécifique, l'administration et la distribution des biens confiées à ces associations pour des causes pies se fait sous le contrôle de l'Ordinaire du lieu compétent[185].

Étant établie la soumission aux contraintes qui découlent des exigences du can 325 §§1 et 2, les associations privées de fidèles ont le devoir de gérer leurs biens de manière transparente et dans le respect du bien commun, en les appliquant aux seules finalités fixées dans les statuts[186]. Les dispositions du can. 1280 relatifs à la mise en place d'un conseil pour les affaires économiques ou, à défaut, de conseillers économiques, s'imposent également aux associations privées.

---

[184] Cf. Can. 325 §1 : « les biens qu'elle possède selon les dispositions des statuts, restant sauf le droit qu'a l'autorité ecclésiastique compétente de veiller à ce que les biens soient employés aux buts de l'association ».

[185] Cf. Can. 325 §2 : « Elle [l'association privée] est soumise à l'autorité de l'Ordinaire du lieu selon le can. 1301 en ce qui concerne l'administration et la distribution des biens qui lui sont donnés ou confiés pour des causes pies ».

Par cause pie, il faut entendre suivant ce qui se dégage des can. 222 §1, 1261§1 et 1299 §1, l'intention qui fonde le fidèle à faire librement un don qu'il destine à une finalité en lien avec la mission de l'Église telle que le culte divin, les œuvres d'apostolat et de charité, ou encore la subsistance du clergé et des autres ministres.

[186] Cf. CONFERENCE DES EVEQUES CATHOLIQUES DU CANADA, *Reconnaissance des associations catholiques à caractère national. Guide pour la CECC et les associations de fidèles*, Ottawa, Service des Éditions de la CECC, 1993., p. 39.

Ces associations doivent en outre suivre les autres orientations pratiques indiquées par l'autorité ecclésiastique, mêmes celles qui seraient non-contraignantes pour elles. Par ailleurs, dans la liberté qui leur est reconnue, ces associations gagneraient aussi à emprunter tout en les adaptant, les prescriptions pertinentes édictées pour l'administration des biens ecclésiastiques. Nous pouvons en citer quelques-unes.

§ *Se constituer un patrimoine stable*

Comme toutes les personnes juridiques dans l'Église, les associations de fidèles sont en principe constituées à perpétuité. Or, une condition essentielle pour perdurer dans le temps est la disponibilité continue des moyens nécessaires à la poursuite des finalités qu'on s'est fixées. Dans cette perspective, le droit canonique promeut l'institution du patrimoine stable, notamment pour les congrégations religieuses – mais pas seulement – comme moyen d'assurer non seulement l'autosuffisance de ces personnes juridiques, mais en plus leur survivance dans le temps. L'intérêt que doivent porter les associations privées de fidèles à la constitution du patrimoine stable est aussi justifié par les dispositions du can. 114 §3 suivant lesquelles, « L'autorité compétente de l'Église ne conférera la personnalité juridique qu'à des ensembles de personnes ou de choses qui visent une fin réellement utile et qui, tout bien pesé, jouissent de moyens qui paraissent suffisants pour atteindre cette fin ».

Le patrimoine stable, tel qu'évoqué par le can. 1285, ne doit pas être confondu avec le patrimoine ordinaire de la personne juridique qui lui permet de couvrir ses besoins immédiats. Sylvia Recchi définit le patrimoine stable comme l'ensemble des biens qui constituent la base économique essentielle et sûre permettant à la personne juridique propriétaire de subsister de façon autonome[187]. Le Comité canonique de la Conférence des religieux et religieuses de France (CORREF) définit plus simplement encore le patrimoine stable, en le présentant comme une *réserve* indispensable de biens qui garantit l'existence d'une personne juridique et la poursuite sereine de ses finalités[188].

---

[187] S. RECCHI, « Lignes d'orientation pour la gestion des biens dans les instituts. Une lecture africaine », *Vies consacrées*, n° 2015, 2, avril 2015, p. 104-105.

[188] Cf. SERVICE DES MONIALES, « Le patrimoine stable 1 », www.service-des-moniales.cef.fr, consulté le 27 mai 2025.

La notion de réserve est fondamentale car, en constituant son patrimoine stable qui peut par ailleurs être enrichie plus tard ou diminué en cas de réelle nécessité, la personne juridique – ici l'association – doit s'assurer qu'elle dispose de ce qui est requis pour son fonctionnement ordinaire. Il ne s'agit donc pas de supprimer les activités nécessaires pour faire des économies non-nécessaires, mais plutôt de préserver certains biens pour garantir l'avenir. D'où l'importance de faire du patrimoine stable une sorte de capital dont on peut, avec grande prudence, tirer quelques fruits nécessaires aux activités quotidiennes.

§ *Intégrer les modes de gestion moderne*

Il est loin le temps où l'Église et ses institutions pouvaient se permettre de gérer les biens en tenant de simples carnets de notes et en faisant des comptes rendus oraux. La réalité actuelle, aussi bien en interne que dans les relations avec l'extérieur, oblige à faire autrement. Dans ce sens, les associations de fidèles ont grand intérêt à intégrer dans leurs pratiques les modes de gestion modernes, certes en les harmonisant avec les préoccupations ecclésiales car, le style économique des institutions ecclésiales doit correspondre à la mission apostolique. En effet, à « travers l'économie se posent des choix très importants pour la vie, à travers lesquels doit transparaître le témoignage évangélique, attentif aux nécessités des frères et sœurs »[189].

On aura déjà beaucoup gagné en intégrant la culture du budget prévisionnel, de la justification des dépenses, du compte-rendu annuel, et même de l'audit pour les plus grandes associations, etc.

§ *Édicter des règles de gestion comptable et financière*

Suivant le principe de la liberté d'organisation et de fonctionnement des associations, il est laissé au soin des statuts de chaque association d'indiquer les modalités de sa gestion comptable et financière. Fort est de constater cependant que de nombreuses associations de fidèles ne se préoccupent pas de cette question. Il y a pourtant grand

[189] CONGREGATION POUR LES INSTITUTS RELIGIEUX ET LES SOCIETES DE VIE APOSTOLIQUE, *Lignes d'orientation pour la gestion des biens dans les instituts de vie consacrée et les sociétés de vie apostolique*, Cité du Vatican, 2 août 2014, p. 2.

intérêt à bien tenir les comptes de l'association dans la mesure où les biens dont elle dispose sont un moyen essentiel pour la poursuite de ses finalités. Une bonne tenue des comptes permet à l'association de connaître sa situation économique, notamment en ce qui concerne les entrées et sorties de fonds, les biens immeubles, etc. Mieux encore, lorsque l'association a bénéficié de subventions, la justification des fonds reçus sera plus aisée. Un soin particulier sera porté à l'indication des procédures à observer pour l'engagement des dépenses de telle manière qu'un minimum de contrôle puisse être assuré avant et après l'engagement concerné.

Dans le cadre de la gestion comptable et financière, et sauf exigence particulière d'une administration ou d'un partenaire, il n'est pas nécessaire de s'embarrasser de trop de règles, l'essentiel étant de parvenir à enregistrer toutes les opérations au moment où elles sont réalisées et d'en conserver les pièces justificatives. Ce dernier point est d'autant plus important que les associations de fidèles peuvent avoir à traiter contractuellement avec d'autres entités même en dehors de l'Église. Or, comme cela est établi par le can. 1290 du Code de droit canonique, les contrats et les obligations engageant les entités canoniques sont soumises aux dispositions du droit civil de chaque pays. En cas de différend, le contentieux sera généralement de la compétence des tribunaux civils.

Dans la même veine, les associations de fidèles, publiques comme privées, à qui a été attribuée la personnalité juridique civile doivent respecter les dispositions du droit de l'État en la matière.

4. Les obligations administratives et fiscales des associations de fidèles

Suivant les lois en vigueur dans le pays où elles se trouvent, les associations de fidèles peuvent être plus ou moins appelées à assumer certaines obligations administratives et fiscales. Cet autre aspect de leur administration ne doit pas être négligé. En effet, les associations de fidèles qui acquièrent le statut d'association civile ou d'ONG, ont l'obligation de se soumettre aux normes civiles en vigueur les concernant. C'est le cas par exemple au Cameroun dont la loi portant liberté d'association et celle régissant les ONG, précisent que ces entités « s'administrent librement dans le respect de la législation en vigueur et de leurs statuts »[190].

4.1. Obligations administratives

Au titre des obligations administratives dont doivent s'acquitter les ONG au Cameroun, nous pouvons évoquer, sans être exhaustif, celles indiquées par l'article 12 de la loi du 22 décembre 1999 concernant certaines dispositions statutaires obligatoires, à savoir :

- le mode de désignation, la durée du mandat, les attributions et le régime de responsabilité du personnel dirigeant ;
- les dispositions financières, faisant notamment ressortir les diverses ressources ainsi que la règle de l'exclusivité de l'affectation de ces ressources aux activités de l'ONG concernée ;
- le contrôle intérieur des comptes ;
- le contrôle extérieur des comptes annuels par une personne physique ou un organisme habilité (e) ainsi que par les services publics compétents, suivant le cas ;
- l'adoption de rapports annuels d'activités et de programmes annuels d'action ;
- l'ouverture d'un compte dans un établissement bancaire ou de crédit agréé par le Ministre chargé des finances.

Les associations érigées en ONG doivent également souscrire à des obligations d'information tout au long de leur vie. Ainsi, au terme de la législation camerounaise en la matière, elles sont astreintes à :

- publier dans un journal d'annonces légales, certaines informations les concernant : actes accordant l'agrément, modification des statuts, adresse ou indication géographique précise du siège ou du principal établissement au Cameroun (cf. art. 13) ;

---

[190] Loi n° 99/014 du 22 décembre 1999 régissant les organisations non gouvernementales au Cameroun (art. 12.1) ; Loi n° 90/53 du 19 décembre 1990 portant liberté d'association au Cameroun (art. 9).

- faire connaître au Ministre chargé de l'administration territoriale, et dans les deux mois, tous les changements survenus dans leur administration ou direction, ainsi que toutes les modifications apportées à leurs statuts (cf. art. 14) ;
- transmettre au Ministre chargé de l'administration territoriale, les états et comptes financiers annuels, ainsi que les rapports et programmes annuels d'activités, dans un délai de soixante jours suivant l'arrêt desdits comptes (cf. art. 15).

Par ailleurs, les associations de fidèles jouissant du statut d'utilité publique ou de celui d'ONG qui auraient bénéficié de subventions de l'État ou d'autres organismes publics, sont astreintes au contrôle des services publics compétents en la matière. En effet, aussi bien la loi camerounaise portant liberté d'association (cf. art. 32.2), que celle fixant le régime juridique des ONG (cf. art. 17.1), prévoient que pour les subventions accordées par les personnes morales de droit public, l'État ou un autre organisme compétent doivent s'assurer de leur bonne utilisation. De fait, en tant que ces subventions sont des aides financières prélevées sur un budget public, elles constituent des biens publics dont la gestion et la destination doivent correspondre aux finalités pour lesquelles elles auraient été attribuées, avec le risque pour ce qui les détourneraient de se faire sanctionner[191].

Enfin, les associations de fidèles établies comme œuvres sociales privées doivent habituellement se prêter à divers contrôles du Ministère en charge des affaires sociales : administratifs, financiers et techniques, relativement à leur activités[192]. Dans la même logique, toute œuvre sociale privée doit fournir, au plus tard le 31 décembre de chaque année, un rapport de ses activités[193]. Enfin, compte tenu de l'impact social que peut

[191] Cf. Code pénal du Cameroun, art. 184.

[192] Cf. Décret 07 décembre 1977, fixant les conditions de création et de fonctionnement des œuvres sociales privées au Cameroun, art. 26.

[193] Cf. IBID., art. 27.

avoir une telle décision, l'œuvre sociale ne peut être dissoute par son promoteur sans l'avis préalable du Ministère en charge des affaires sociales[194].

4.2. Obligations fiscales

Selon la législation du pays, les associations de fidèles ayant existence civile, auront à assumer des obligations fiscales plus ou moins importantes. C'est notamment le cas au Cameroun où, depuis l'exercice fiscale 2022, des dispositions concernant spécifiquement les organisations à but non lucratif ont été introduites dans le Code général des impôts[195]. L'art. 93 nonies al. 1 de ce texte entend par organisme à but non lucratif, « toute entité dotée de la personnalité juridique ou non, publique, privé ou confessionnelle, y compris les fondations, qui n'a pas pour but la recherche de bénéficies aux fins de distribution entre ses membres ». Citant des exemples d'organismes à but non lucratif, le texte indique explicitement, entre autres, les organismes reconnus d'utilité publique ainsi que les associations de toute nature (qu'elle ait ou non la personnalité juridique civile).

La première obligation fiscale que doivent satisfaire les organismes à but non lucratif, au titre desquels on compte les associations de fidèles, est celle de se faire immatriculer du point de vue fiscale, comme l'exige l'art. 93 nonies bis al. 2 du Code général des impôts. Au terme de cette formalité, elles se voient octroyer un numéro identifiant fiscal unique avec lequel elles sont enregistrées dans l'une des catégories de contribuables. Sans cette identification fiscale, les associations ne pourront pas exercer certaines prérogatives, comme par exemple le droit d'ouvrir un compte bancaire en leur nom.

Ensuite, les associations de fidèles, comme la plupart des contribuables, sont soumises à diverses déclarations fiscales, notamment la déclaration mensuelle des impôts et taxes dus, y compris de ceux pour lesquels ils ne sont que les redevables légaux bien que n'y

---

194 Cf. IBID. art. 33.

195 Cf. Loi n° 2021-026 du 16 décembre 2021, portant loi de finances de la République du Cameroun pour l'exercice 2022.

étant pas assujettis[196], la déclaration statistique et fiscale[197], la déclaration de patrimoine foncier qui s'accompagne de la présentation à l'administration fiscale des documents y relatifs[198]. Par ailleurs elles doivent tenir une comptabilité distincte pour la part de leurs activités qui ont un caractère commercial[199].

5. La cessation d'activités des associations de fidèles

La liberté reconnue aux fidèles de fonder des associations a pour corollaire la possibilité des membres desdites associations de renoncer à poursuivre l'activité associative. Les associations de fidèles peuvent donc s'auto-dissoudre, suivant les prévisions statutaires. Elles peuvent aussi être supprimées, et c'est cette dernière hypothèse qui retient davantage notre attention au regard de son caractère involontaire. À côté de ces modes de suppression canonique, il faut aussi prendre en compte l'éventualité de la suppression par décision de l'autorité civile.

5.1. Au niveau canonique

Le can. 120 §1, tout en affirmant que la personne juridique canonique est perpétuelle par sa nature, prévoit la possibilité de son extinction qui peut survenir de différentes manières : suppression légitime par l'autorité compétente, constat formellement établi par la même autorité que ses activités ont cessé pendant une durée de cent ans, ou autodissolution conformément à ses statuts. S'agissant en particulier des associations,

---

[196] On entend par redevable légal, la personne légalement tenue au paiement d'un impôt, d'un droit, d'une taxe ou de tout autre versement ou redevance, même si la charge doit être finalement assumée par un tiers. Dans ce sens, l'art. 93 nonies bis alinéa 5 du Code général des impôts du Cameroun indique la TVA (lorsque l'association réalise des opérations taxables conformément aux dispositions des articles 125-127 du CGI), l'impôt sur le revenu sur la quotepart des activités commerciales (prélevé au taux préférentiel de 15%, majoré de 10 % au titre des CAC), l'acompte trimestriel de 1% du chiffre d'affaires des activités commerciales (majoré de 10 % au titre des CAC), les retenues d'impôts et taxes pour lesquels ils sont redevables légaux (notamment les retenues salariales), etc.

[197] La déclaration statistique et fiscale (DSF) est la transmission annuelle de l'état des impôts et taxes d'une personne juridique. Elle met en évidence le solde des différents impôts et taxes permettant d'indiquer ce qui doit être payé à l'administration fiscale ou, au contraire, être retourné à l'entité concernée. La DSF doit se faire au plus tard le 15 mars de chaque année, sur le modèle fourni par l'administration fiscale et accompagnée de l'état détaillé de toutes les sommes versées aux tiers au cours de l'année fiscale écoulée.

[198] L'art. 583 du Code général des impôts au Cameroun, fait obligation aux propriétaires d'immeubles exonérés de la taxe foncière, de déposer au service territorialement compétent des impôts, un double du titre de propriété, des permis de bâtir, et des devis de construction. Cette disposition concerne donc les associations de fidèle bénéficiant de l'exonération de la taxe foncière au titre du statut d'utilité publique ou ONG qui leur auraient été attribué.

[199] Cf. Art. 93 nonies al. 7 du Code général des impôts.

leurs modes de suppression peuvent varier selon qu'il s'agit d'associations publiques ou d'associations privées.

§ *La suppression des associations publiques*

En règle générale, l'autorité compétente, telle que définie au c. 312, c'est-à-dire celle qui a érigé l'association publique, peut la supprimer. Mais, le can. 320 précise qu'elle ne le fera que pour des causes graves (§2), et seulement après en avoir entendu les responsables (§3).

L'acte de suppression d'une association publique relève du pouvoir de juridiction de l'autorité qui lui a conféré la personnalité juridique. On peut en déduire que l'association publique de fidèles ne peut pas s'auto-dissoudre étant donné que son existence ne dépend pas de ses membres, mais de l'autorité qui l'a érigée ou l'a voulue. Ainsi, dans son diocèse, l'évêque peut, en plus de pouvoir supprimer les associations qu'il a lui-même érigées, supprimer aussi celles dont l'érection a été faite par des membres d'instituts religieux en vertu d'un indult apostolique, mais qui nécessitaient d'abord son consentement. Toutefois, l'autorité compétente, qu'il s'agisse du Saint-Siège, de la Conférence épiscopale ou de l'évêque diocésain, ne peut supprimer une association publique sans avoir entendu au préalable le modérateur et les autres officiers majeurs.

Advenant sa suppression, une association publique peut toujours exercer un recours contre le décret de l'autorité compétente, soit par voie hiérarchique (cc. 1732-1739), soit par voie juridictionnelle (can. 1445 – § 2).

Suite à sa suppression, les biens d'une association publique sont dévolus selon le droit et les statuts. Mais, « en cas de silence des statuts, ils échoient à la personne juridique immédiatement supérieure, réserve toujours faite de la volonté des fondateurs ou des donateurs ainsi que des droits acquis (can. 123).

§ *La suppression des associations privées*

Les associations privées de fidèles régulièrement constituées, sont des entités ecclésiales. En tant que telles, ces associations, aussi bien celles qui disposent de la personnalité juridique que celles qui n'en ont pas, cessent d'exister suivant les dispositions qui s'appliquent de façon générale aux personnes juridiques privées dans l'Église.

De manière spécifique, le can. 326 §1 CIC/83 prévoit trois modes de cessation des activités des associations privées de fidèles, soit selon les dispositions de leurs statuts, soit par le droit lui-même, soit encore par suppression légitime prononcée par l'autorité compétente.

> Le premier mode de cessation canonique d'une association privée de fidèles se fait à l'initiative de l'association elle-même. Le législateur exige seulement que soit respectées les statuts propres. C'est tout l'intérêt qu'ont les associations à toujours prévoir dans leurs statuts, des dispositions relatives à cette question, en indiquant aussi bien les motifs pouvant conduire à une telle décision que les procédures à suivre. Même en cas de silence des statuts, les membres d'une association privée de fidèles peuvent toujours décider de sa suppression, par une décision unanime. Cette dernière modalité est la mise en œuvre d'une ancienne règle de droit suivant laquelle *la cause qui donne naissance à une chose peut de la même manière la supprimer*[200].
>
> La suppression *ipso iure*. C'est celle qui est prévue par le droit lui-même et que l'autorité peut se contenter de constater par un acte. Il s'agit par exemple de la situation où une association a cessé toute activité pendant une période de 100 ans.
>
> Quant à l'intervention suppressive de l'autorité ecclésiastique, elle est exceptionnelle et doit répondre au souci de la préservation de l'ordre public ecclésiastique et de la garantie du bien commun. Pour procéder à une telle

[200] Citée par LL. MARTINEZ SISTACH, *Associations of Christ's Faithful*, *op. cit.*, p. 139.

suppression, il est requis une disposition formelle, c'est-à-dire un décret spécial motivé par une cause d'une certaine gravité. Le can. 326 §1 CIC/83 précise alors que cette condition est remplie dans deux hypothèses : lorsque l'activité de l'association privée de fidèles cause un grave dommage à la doctrine ou à la discipline ecclésiastique, ou lorsque cette activité provoque du scandale chez les fidèles. Une intervention de cette nature relève du devoir de vigilance de l'autorité ecclésiastique, et apparaît comme une mesure disciplinaire et protectrice de la communauté ecclésiale[201].

5.2. Au niveau civil

L'intervention de l'autorité civile portant suppression d'une association concerne en principe celles des associations de fidèles qui bénéficient de la personnalité juridique civile. Encore que les associations constituées seulement sur le plan canonique, peuvent être concernées en tant que groupement illicite de personnes, du point de vue civil. Ici, la loi camerounaise n° 90/053 du 19 décembre 1990 relative à la liberté d'association prévoit deux modes de suppressions des associations, l'une par voie judiciaire et l'autre par voie administrative.

§ L'article 12 de cette loi camerounaise sur les associations prévoit que celles-ci peuvent être dissoutes par décision judiciaire[202] à la diligence du Ministère public ou à la requête de tout intéressé, si par leur objet, elles portent atteinte à la constitution, aux lois et aux bonnes mœurs. Les mêmes modalités de dissolutions concernent aussi les associations qui auraient pour but de porter

[201] En principe, l'autorité ecclésiastique ne prononcera pas la dissolution d'une association avant d'en avoir interpellé les responsables afin qu'ils mettent fin aux abus et dérives constatées, ainsi qu'il est prévu par le can. 1339 §1 : « À la personne dont le comportement a provoqué un scandale ou une grave perturbation de l'ordre, l'Ordinaire peut donner une réprimande d'une manière adaptée aux conditions particulières de personne et de fait ».

Les abus et dérives constatés peuvent même constituer des délits canoniques pénalement réprimés. Dans ce cas, prévoit le can. 1341, « L'Ordinaire doit entamer la procédure judiciaire ou administrative en vue d'infliger ou de déclarer les peines dès qu'il aura constaté que ni les moyens de la sollicitude pastorale, surtout la correction fraternelle, ni la monition ni la réprimande ne peuvent suffisamment rétablir la justice, amender le coupable, réparer le scandale ».

[202] La dissolution est une sanction pénale prévue par l'article 25 -2 du Code pénal camerounais qui la qualifie de « peine capitale pour une personne morale ». La même disposition indique que la peine de dissolution est susceptible d'être prononcée à l'encontre d'une personne morale qui a agi en violation de son objet social.

atteinte à la sécurité, à l'intégrité territoriale, à l'unité nationale ou à l'intégration nationales.

§ L'article 13 de la même loi donne pouvoir au Ministre chargé de l'administration territoriale de dissoudre, par arrêté, toute association qui s'écarte de son objet et dont les activités portent gravement atteinte à l'ordre public et à la sécurité de l'État.

En cas de cessation de ses activités, la destination des biens d'une association privée doit être déterminée selon les statuts, restant saufs les droits acquis et la volonté des donateurs. Cependant, en cas de dissolution judiciaire, l'article 25 -2 (3) du Code pénal camerounais prévoit que « la décision prononçant la dissolution de la personne morale comporte le renvoi de celle-ci devant la juridiction compétente pour procéder à sa liquidation, à la diligence du Ministère public ».

Conclusion

La contribution des associations de fidèles à la mission de l'Église est indéniable et même décisive dans le contexte de « la nouvelle évangélisation pour la transmission de la foi » pour laquelle est attendue l'implication active de l'ensemble des fidèles[203]. Les associations constituent la principale modalité de l'apostolat communautaire, ce qui n'empêche pas de souhaiter pour chacun de leurs membres un engagement apostolique personnel plus fort qui s'inscrit dans la dynamique d'une mission communautaire renouvelée. En effet, les fidèles organisés en association sont invités « chacun à être audacieux et créatif dans ce devoir de repenser les objectifs, les structures, le style et les méthodes évangélisatrices de leurs propres communautés [car] une identification des fins sans une adéquate recherche communautaire des moyens pour les atteindre est condamnée à se traduire en pure imagination »[204]. En écho à cette exhortation, les organisations associatives de fidèles ne sauraient s'exonérer de l'effort de transformation missionnaire de l'Église.

Avec l'intention de contribuer à ce renouvellement missionnaire des associations ecclésiales, il est apparu nécessaire d'en parler dans une perspective qui va au-delà des seules prescriptions canoniques. Se situant au cœur de la mission de l'Église, ces associations doivent, en poursuivant leurs finalités propres, manifester le Christ dans les divers aéropages humains. C'est en effet le désir missionnaire et non l'envie d'appartenir à un groupe spécial qui doit être à l'initiative associative. Pour que cet engagement apostolique soit performatif, il est nécessaire que les associations de fidèles se dotent de règles d'organisation et de fonctionnement adéquates, dans la

---

[203] *EV*, n° 14.

[204] IBID., n° 33.

liberté que leur reconnait la législation canonique[205], en trouvant en même temps le meilleur encrage possible avec les législations civiles.

La rencontre du droit de l'Église avec les ordonnancements des États a pour conséquence, entre autres, de presser les institutions canoniques à trouver un équilibre et une assise institutionnelle qui conviennent afin qu'elles s'épanouissent adéquatement dans l'ordre civil sans compromettre leur identité catholique et leurs finalités ecclésiales, tout en assumant avec efficience une réelle et active présence apostolique dans le monde pour le bien de tous. À travers cette présence, notamment lorsqu'elle s'harmonise adéquatement avec les institutions juridiques civiles, les associations de fidèles contribuent d'une certaine manière à faire vivre la saine collaboration entre l'Église et la Communauté politique qu'appelle de ses vœux le Concile Vatican II à travers le n° 76 de la Constitution *Gaudium et spes*. Comme le souligne un auteur, les associations de fidèles portent dans l'ordre civil, « en tant que corps sociaux, [...] une politique d'animation des réalités temporelles basée sur les valeurs évangéliques »[206]. Ce positionnement stratégique exige particulièrement des associations de fidèles, qu'elles aient une bonne connaissance des cadres institutionnelles civiles qui peuvent le mieux les accueillir avec leurs finalités propres. Encore que dans certains cas, les ordonnancements civils ignorent complètement le droit associatif canonique et ses exigences[207]. Quand bien même la rencontre entre les droit canonique et civil serait moins chaotique, il importe, dans un contexte où les États tendent de plus en plus à assurer un maillage méthodique des corps sociaux qui se déploient dans leurs espaces, notamment par le biais de la fiscalité, que les associations de fidèles soient formées et informées des prescriptions civiles qui les concernent et dont elles peuvent tirer parti pour mieux impacter le champ social. On perçoit combien

---

[205] Cf. Can. 304 ; 309, 321.

[206] J. SEMBAGARE, *La traduction canonique du principe conciliaire de la* sana cooperatio *de* Gaudium et spes n° 76, *entre l'Église et la Communauté politique*, Extractum ex dissertatione ad doctoratum, Pontificia Universitas urbaniana, Facultas iuris canonici, Romae, 1993, p.125.

[207] Cf. O. ÉCHAPPE, « Les biens des associations d'Église », *loc. cit.*, pp. 56-61.

les associations de fidèles, au moins certaines d'entre elles, ont besoin de bonnes connexions avec le droit civil, pour assumer efficacement leurs finalités.

La contribution des associations de fidèles à la mission de l'Église sera d'autant plus efficace et significative que l'autorité ecclésiastique renouvellera la perception qu'elle en a, ainsi que l'attention bienveillante que ces associations méritent. Bien organisées et bien accompagnées, ces associations apparaissent comme une véritable chance pour l'œuvre apostolique dans le contexte actuel. C'est dire l'importance du bon exercice de la vigilance ecclésiastique au moyen de laquelle ces associations doivent pouvoir se sentir motivées à aller toujours de l'avant. Aujourd'hui comme hier, et certainement demain encore, elles seront à même d'assurer la diffusion de l'Évangile au cœur des capillarités subtiles et complexes des réalités humaines. Ceci ouvre une belle perspective au travail apostolique sur la culture en général et sur les cultures particulières des communautés, aspect qui apparait comme l'un des plus grands défis pastoraux de nos jours[208]. La contribution des associations de fidèles pour faire face à ces défis peut être décisive[209].

---

[208] Cf. *EV*, n° 61-75.

[209] *RM*, n° 72 : «

Documents et Bibliographie

A. Documents de l'Église

CONCILE VATICAN II, Constitution *Lumen gentium*, 21 novembre 1964.

– Décret sur l'apostolat des laïcs *Apostolicam actuositatem*, 18 novembre 1965.

– Décret sur la charge pastorale des évêques dans l'Église *Christus Dominus*, 28 octobre 1965.

– Décret sur le ministère et la vie des prêtres *Presbyterorum ordinis*, 7 décembre 1965

Code de Droit canonique bilingue et annoté, sous la direction de SOL Thierry, Librairie Wilson et Lafleur inc., 5e édition mise à jour au 26 juin 2024, Ottawa, 2024.

JEAN-PAUL II, Exhortation apostolique post-synodale *Christifideles laici*, 30 décembre 1988.

– Lettre encyclique *Redemptoris Missio* sur la valeur permanente du précepte missionnaire, 7 décembre 1990.

BENOIT XVI, Discours aux évêques de la Conférence épiscopale de la République Fédérale d'Allemagne en visite *ad limina apostolorum*, 18 novembre 2006.

FRANÇOIS, Exhortation apostolique *Evangelii gaudium*, sur l'annonce de l'Évangile dans le monde d'aujourd'hui, 24 novembre 2013.

– Exhortation apostolique *Gaudete et exsultate*, sur l'appel à la sainteté dans le monde actuel, 19 mars 2018.

– ID., Lettre apostolique *Competentas quasdam decernere*, par laquelle sont modifiées certaines normes du code de droit canonique et du code des canons des Églises orientales, 11 février 2022.

– Rescrit sur les associations de fidèles *in itinere*, rendu public le 15.06.2022

CONGREGATION POUR LA DOCTRINE DE LA FOI, Lettre *Comunionis notio*, sur quelques aspects de l'Église comprise comme communion, 28 mai 1992.

CONGREGATION POUR LES ÉVEQUES, *Directoire pour le ministère pastoral des évêques "apostolorum successores"*, 22 février 2004.

CONGREGATION POUR LES INSTITUTS RELIGIEUX ET LES SOCIETES DE VIE APOSTOLIQUE, *Lignes d'orientation pour la gestion des biens dans les instituts de vie consacrée et les sociétés de vie apostolique*, Cité du Vatican, 2 août 2014.

CONSEIL PONTIFICAL POUR LES LAÏCS, *Pasteurs et mouvements ecclésiaux*, Séminaire d'études pour évêques tenu à Rocca di Papa, les 15-17 mai 2008, Città del Vaticano, Libreria Editrice Vaticana, 2010.

DICASTERE POUR lES LAÏCS, LA FAMILLE ET LA VIE, *Décret réglementant l'exercice du gouvernement dans les associations internationales de fidèles, privées et publiques, et dans les autres entités dotées de personnalité juridique soumises à la vigilance directe du Dicastère*, 3 juin 2021.

– *Décret général Les associations internationales de fidèles. Texte et commentaires (contient les Actes de la rencontre La responsabilité de gouvernement au sein des agrégations laïcales. Un service ecclésial*, 16 septembre 2021), Cité du Vatican, Libreria Editrice Vaticana, 2022.

SYNODE DES ÉVEQUES, *Vocation et mission des laïcs dans l'Église et dans le monde, vingt ans après Vatican II,* Document de travail du Secrétariat du Synode des évêques, 1985, *La Documentation Catholique*, n° 1894, 21 avril 1985, pp. 444-456.

- *Vocation et mission des laïcs dans l'Église et dans le monde, vingt ans après Vatican II. Documents de travail*, 1987, Paris, Le Centurion, 1987.
- *Pour une Église synodale : communion, participation, mission*, Document final de la deuxième session de la XVIe Assemblée générale ordinaire, 26 octobre 2024.

CONFERENCE DES EVEQUES CATHOLIQUES DU CANADA, *Reconnaissance des associations catholiques à caractère national. Guide pour la CECC et les associations de fidèles*, Ottawa, Service des Éditions de la CECC, 1993.

CONFERENCE DES EVEQUES DE BELGIQUE, *Charte de bonne gestion des biens d'Église*, 6 avril 2017.

ARCHIDIOCESE DE YAOUNDE, *Coutumier*, Synode diocésain célébré en 2015, Yaoundé, 19 mars 2016.

B. Normes civiles

Accord-cadre du 13 janvier 2014 entre le Saint-Siège et la République du Cameroun relatif au statut juridique de l'Église catholique au Cameroun.

Loi n° 90/53 du 19 décembre 1990 portant liberté d'association au Cameroun.

Loi n° 99/014 du 22 décembre 1999 régissant les organisations non-gouvernementales au Cameroun.

Loi n° 2021-026 du 16 décembre 2021 portant loi de finances de la République du Cameroun pour l'exercice 2022.

Décret n° 77/495 du 07 décembre 1977 fixant les conditions de création et de fonctionnement des œuvres sociales privées au Cameroun.

Circulaire n° 012/MINFI/DGI/LRI/L du 13 juillet 2022 précisant les modalités d'application de la loin° 2021-026 du 16 décembre 2021 portant loi de finances de la République du Cameroun pour l'exercice 2022.

Instruction fiscale n° 208 du 18 décembre 2006 (Direction générale des impôts du Ministère français de l'économie, des finances et de l'industrie).

C. Bibliographie

AOUN Marc, BAMBERG Anne, KY-ZERBO Alphonse, *Vie et droit des associations dans l'Église. Entre liberté des fidèles et vigilance de l'autorité*, Paris, L'Harmatan, 2016.

BASTIEN Pierre, « Autonomie », R. NAZ, *Dictionnaire de droit canonique*, Paris, Letouzey et Ané, tome I, 1935, col. 1480-1491.

BIJU-DUVAL Denis, « La diversité des états de vie dans les communautés nouvelles », *L'Église dans la mondialisation : l'apport des communautés nouvelles*, Paris, Éditions de l'Emmanuel, 2001, pp.57-82.

BONNET Piero Antonio, « La distinzione tra pubblico e privato in ambito associzionisco e il problema della riqualificazione delle associazioni costituite anteriormente al codice del 1983 », *Periodica* 92, 2003, pp. 533-588 (prima parte) ; *Periodica* 93 (2004) 7-64 (seconda parte).

BORRAS Alphonse, « Le droit canon et la vitalité des communautés nouvelles », *Nouvelle Revue Théologique*, 118, 2, pp. 200-218.

BRUNELLE Dorval (dir.), *Gouvernance. Théories et pratiques*, Montréal, Éditions de l'Institut international de Montréal, 2010 [Édition numérique gratuite, réalisée avec l'autorisation de l'auteur, par Jean-Marie Tremblay, janvier 2011].

CAVANA Paolo, « Enti della Chiesa e diritto secolare », *Stato, Chiese e pluralismo confessionale*, Rivista telematica, www.statoechiese.it, n. 14 del 2018, ISSN 1971- 8543, p. 1-56.

DEBBASCH Charles et BOURDON Jacques, *Les associations*, Paris, PUF, Coll. Que sais-je, 2009.

DELGADO GALINDO Miguel, « Les prêtres dans les associations de fidèles », 20 janvier 2011, http://www.laici.va/content/laici/fr/sezioni/associazioni.html.

– « L'exercice de la vigilance de l'autorité ecclésiastique à l'égard des associations de fidèles », *L'Année canonique*, 52, 2010, pp. 257 à 270.

– « Les associations catholiques, les mouvements ecclésiaux et les communautés nouvelles. Une approche du continent africain », PONTIFICIUM CONCILIUM PRO LAICIS, *Être témoin de Jésus-Christ en Afrique aujourd'hui*, Congrès Panafricain des laïcs catholiques, 4-9 septembre 2012, Yaoundé-Cameroun, Roma, Libreria Editrice Vaticana, 2013, pp. 223-244.

ÉCHAPPE Olivier, « La reconnaissance du droit d'association par les droits canonique et français : une problématique », *L'Année canonique*, 52, 2010, p. 239-247.

– « Les biens des associations d'Église », *L'Année canonique*, 47, 2005, p. 51-62.

FORESTIER Luc, « Les critères d'ecclésialité de Jean-Paul II au Pape François », *La Documentation catholique*, n° 2527, juillet 2017, p. 48-60.

KOUANKAM TCHAPDA Guy-Noël, *Clercs séculiers et droit d'association en Afrique (can. 278 CIC) : le cas du Cameroun*, Ottawa, Librairie Wilson et Lafleur inc., Coll. Gratianus, 2023, pp. 99-101.

LE ROUZES Dominic, « Le droit canonique et les communautés nouvelles », *Studia canonica*, 2006), pp. 110.

LE TOURNEAU Dominique, *Droits et devoirs fondamentaux des fidèles et des laïcs dans l'Église*, Gratianus, Wilson & Lafleur, Montréal, 2011.

LONGHITANO Adolfo, « Le associazioni dei fedele », *Corso istituzionali di diritto canonico* (a cura del Gruppo italiano docenti di diritto canonico), Milano, Ancora, 2005, pp. 124-143.

LORENT Albert, *Management et structures d'Église. Vers un sens pastoral de la gestion*, Lumen Vitae - Presses de l'Université Catholique d'Afrique Centrale, Bruxelles - Yaoundé, 2013.

MALVAUX Benoît, « Le Décret *Apostolicam actuositatem* sur l'apostolat des laïcs », Vies consacrée, n°2012-4, octobre 1984, pp. 271-293.

MESSNER Francis, « Le droit associatif dans l'Église catholique et dans la société française », *Praxis juridique et religion,* 1, 1984, pp. 111-132.

MEULDERS-KLEIN Marie-Thérèse, « Personne », ARNAUD André-Jean (dir.), *Dictionnaire encyclopédique de théorie et de sociologie du droit*, 2e édition corrigée et augmentée, Paris, LGDJ, 1993, pp. 435-438.

MIAYOUKOU Hervé, « Droit canonique des associations privées de fidèles : quelle actualisation depuis l'innovation de la codification de 1983 ? Contexte français », *L'Année canonique,* 53, 2011, pp. 319-340.

NAVARRO Luis, *Diritto di associazione e associazione di fedeli*, Ateneo romano della Santa Croce, Roma, Giuffrè Editore, 1991.

- *Persone e soggetti nel diritto della Chiesa. Temi di diritto della persona*, Roma, Edizioni Università della Santa Croce, 2000.
- « Les sujets nés de l'initiative des fidèles et la personnalité juridique privée », *L'Année canonique*, 41, 1999, pp. 201-228.
- « Diritto e volontà di associazione dei fedeli », *Ius Ecclesiae*, 17, 2005, pp. 75-100.
- « Commentaires des canons 298-329 », T. SOL (dir.), *Code de droit canonique bilingue et annoté*, 5e édition mise à jour au 26 juin 2024, Collection Gratianus, Montréal, Librairie Wilson & Lafleur inc., 2024, pp. 249-270

PAGE Roch, « Notes sur les critères d'ecclésialité pour les associations de fidèles », *Studia canonica*, 24, 1990, pp. 455-463.

RECCHI Silvia, « Lignes d'orientation pour la gestion des biens dans les instituts. Une lecture africaine », *Vies consacrées*, n° 2015, 2, avril 2015, pp. 101-110.

ROUTHIER Gilles, *Le défi de la communion. Une relecture de Vatican II*, Montréal/Paris, Médiaspaul, 1997.

RUIZ Teodoro Bahíllo, « Las associaciones de fieles », Myriam M. CORTEZ DIEGUEZ y San José PRISCO (Coordinación), *Derecho canonico. I : El derecho del Pueblo de Dios*, Madrid, Biblioteca de autores cristianos, 2017, pp. 309-337.

SCHLICK Jean, « Association civile et association d'Eglise. Problème de double appartenance », *Praxis juridique et religion*, 2, 1985, pp. 248-265.

SEMBAGARE Jérôme, *La traduction canonique du principe conciliaire de la* sana cooperatio *de* Gaudium et spes n° 76, *entre l'Église et la Communauté politique*, Extractum ex dissertatione ad doctoratum, Pontificia Universitas urbaniana, Facultas iuris canonici, Romae, 1993.

SISTACH Lluís Martínez, *Las asociaciones de fieles*, 3ª edición revisada y actualizada, Barcelona, Facultat de Teologia de Catalunya, 1994.

- *Associations of Christ's Faithful*, Collecttion Gratianus, Montréal,Wilson & Lafleur, 2018.
- *Les associations de fidèles selon le droit de l'Eglise*, Paris, Artège Lethielleux, 2019.

STOCKINGER Peter et VAN DE KERCHOVE Michel, « Autonomie », *Dictionnaire encyclopédique de théorie et de sociologie du droit*, 2e édition corrigée et augmentée, Paris, LGDJ, 1993, pp.48-49.

VAN LIER Rick, « Communautés nouvelles et nouvelles formes de vie consacrée. Bilan et prospectives », *Vies consacrées*, n° 2012, 2, avril 2012, pp. 97-114.

VALDRINI Patrick, « Une question ouverte sur la liberté des fidèles de créer et de diriger des associations. Le cas des associations privées de fait dans l'Église », M. AOUN, A. BAMBERG, A. KY-ZERBO, *Vie et droit des associations dans l'Église. Entre liberté des fidèles et vigilance de l'autorité*, Paris, L'Harmatan, 2016, pp. 69-88.

VALDRINI Patrick, Émile KOUVEGLO, *Leçons de droit canonique. Communautés, personnes, gouvernement*, Paris, Salvator, 2017.

ZADRA Barbara, *I movimenti ecclesiali e i loro statuti*, Tesi gregoriana, Serie Diritto canonico, 16, Roma, 1997.

Table des matières

www.ingramcontent.com/pod-product-compliance
Lightning Source LLC
LaVergne TN
LVHW022107200926
848481LV00003B/1093